ジョブ型と課長の仕事

役割・達成責任・自己成長

ESSENTIAL ROLE OF MANAGERS IN THE JOB BASED SYSTEM

綱島邦夫

KUNIO TSUNASHIMA

日本能率協会マネジメントセンター

はじめに

●ジョブ型雇用を誘引する2つの流れ

2020年1月は令和最初のフルイヤーの1年間がはじまった月です。この月は日本企業の未来の盛衰を決める歴史的な転換点になると思います。その理由には、2つの歴史の流れがあるからです。

1つは1990年以降の30年、日本経済と多くの日本企業の成長が鈍化し、世界での地位を大幅に後退させてきた残念な歴史です。「失われた10年」と当初いわれていたのが、20年、30年と伸びていきました。日本はイノベーションと成長を忘れてしまったかのようでした。

こうしたなかで日本的な終身雇用とそこから生まれた集団主義的で社員の個性と自律を抑制する組織運営への反省や批判は次第に高まっていきました。しかし、それは一本の矢にまとまるような大きな力にはなりませんでした。

そして2020年1月、日本の産業界の重鎮として75年間君臨している日本経団連は経営労働政策特別委員会報告を発表し、「新卒一括採用」「終身雇用」「年功序列」を柱とする日本型雇用の見直しに言及し、欧米企業で一般的な「ジョブ型雇用」を提起しました。

ジョブ型雇用とは、ジョブを遂行するための雇用契約です。日本企業が伝統的に採用してきた就社という契約、ジョブの内容や勤務する場所は会社の辞令に従う雇用契約と対をなす雇用制度のことです。社員は就社し、長期にわたって会社に帰属するということから日本型雇用は「メンバーシップ型雇用」とも呼ばれます。

トヨタ自動車や日立製作所などの日本を代表する企業が、もはや終身的な長期雇用を維持することは困難であることを宣言しています。


もう1つの流れは2020年1月、中国の武漢を発生源とする新型コロナウイルス感染症の世界への蔓延です。以前にも2002年に香港で流行したSARSや2012年に英国ロンドンで発見された中東に端を発するMERSなどのコロナウイルスの感染症がありましたが、今回のCOVID-19と命名された新型コロナウイルス感染症は世界中にけた違いの影響を及ぼしています。100年前の1920年頃に世界を震撼させたスペイン風邪の再来を彷彿させる危機です。スペイン風邪はアメリカ合衆国で最初に報告され、世界で感染者が5億人、死者が5000万人から1億人と推計されています。

新型コロナウイルス感染症の余波として、社員が集団で働く職場という物理的な空間の劇的な縮小がはじまっています。メンバーの資格を保つために集団に参加する日本の多くのビジネスパーソンの働き方を支える職場、夜遅くまで照明が消えない「三密：密閉、密集、密接」の職場が縮小するのです。

日本経団連の方針の転換と職場の縮小という2つの不可逆的な流れのなか、多くの企業ではジョブ型雇用を導入する検討がはじまっています。あるいは既に導入した制度の見直しがはじまっています。

日本企業にとってジョブ型雇用の導入はその是非を議論する段階ではなく、その制度の良さを生かし、いかに社員を幸福にするかを考える段階にあります。すなわち、ジョブ型雇用のなかで社員が活躍するための環境を整えるという目的を明確に表明し、そのためのマイルストーンを定め、行動する段階にあります。また、日本企業で働く多くの社員は会社からの方針や指示を待つという受動的な姿勢ではなく、自ら考え行動するという能動的な姿勢が求められます。このような企業文化の変革はトップダウンではなく、草の根から生まれる社員のボトムアップでなされるものだからです。

●ジョブ型雇用の本質を理解する

ジョブ型雇用は、「ジョブの定義にはじまり、ジョブの定義に終わる」といわれます。それは、ジョブを担う人がジョブの意味を明確に理解し、その実行に自発的に取り組み、成果を生み出すことにコミットすることを意味するものです。

これにより、成果を生み出すためにどのような技能と知識を獲得し、どのような問題に取り組み、どのように人をリードし、顧客や社会、所属する組織や企業にどのような貢献をするのかが自覚できるようになります。

しかし、これまでジョブ型雇用をうまく運用してきた会社は多いとはいえません。その理由はジョブ型雇用を報酬制度という狭い視点で捉えてしまっているからです。年齢に伴い賃金が上がる年功序列的な人事制度をジョブ型に変えることで、成果に応じた賃金により高齢社員の人件費を抑制できると多くの経営者は考えたのです。成果を上げない社員を排除する口実になるということです。その結果、疑心暗鬼が生まれ、社員のモチベーションの低下、自分の成果を優先し、チームへの協力を惜しむなどの弊害が生じました。

現在、働き方改革が多くの企業のテーマになっています。その中心には勤務時間の削減に関する取り組みがあります。勤務時間が問題になること自体、日本企業にジョブ型雇用が存在しないことの証拠であるといえます。

本来のジョブ型雇用は冷たい北風ではなく、暖かい太陽のような存在です。すべての社員は個性を生かし、好きな仕事をし、誰かに貢献したいと思っています。義務感に縛られるのではなく、自由自在に働きたいと願っています。ジョブ型雇用はそのような社員の願いを応援するものです。長きにわたってジョブ型雇用の世界で生きてきた私の実感でもあります。その本質は以下のとおりです。

●ジョブは英語のＪｏｂをそのまま片仮名で表した言葉です。ジョブは「作業（英語ではＴａｓｋといいます）」ではありません。ジョブは誰か（通常は顧客）のために付加価値、すなわち成果を生み出し、貢献する活動です。良い日本語がないので経団連は英語の発音を片仮名で表示したのですが、本書では必要に応じて「仕事」と述べます。

●ジョブ型雇用の本質は社員を作業する労働者ではなく、成果を生み出すプロフェッショナルとして捉えることにあります。社員を機械ではなく、個性を持ち、個性を発揮する人間であると考えるからです。どのような作業にどれだけ時間を費やすかは社員が決めることであり、会社は関知しないことです。「ジョブ型」＝「プロフェッショナル組織」＝「成果主義」ということです。

●欧米の伝統的な大企業は１９８０年代に大変な苦労を経験しました。「ジャパン・アズ・ナンバーワン」といわれた時代の日本企業やマイクロソフトやウォルマート（１９８０年の売り上げは２千億円、２０１９年の売り上げは約56兆円）などの地方で生まれた新興企業（彼らは「草原の競争者」といわれました）の台頭に苦しみました。その理由は伝統企業の運営がタスク型になっていたことでした。社員は会社から指示された作業を行うことに没頭し、作業の単価と時間をベースに報酬を得ていたのです。そこで多くの企業はタスク型からジョブ型に舵を切りました。ジョブ型雇用は社員が課題を自覚し、自発的にジョブを定義し、ジョブの遂行を自らが管理することです。

ジョブ型では社員は作業ではなく、成果に責任を持ちます。そこでタスク主義に対して成果主義という言葉が生まれたのです。

●ジョブ型雇用は報酬制度だけの話ではありません。社員を作業する存在ではなく、成果を生み、貢献する存在であると考え、それを支援する仕組みと環境をつくるものです。

●ジョブ型雇用は組織図に示される営業部長や営業課長というポストを担う社員だけを対象にするものではありません。高度の専門能力を発揮して問題を解決するエキスパート、期間限定のプロジェクトを運営するマネジャー、そして部署やチームのメンバーとして活躍するすべての社員を対象にするものです。

●ジョブ型雇用が正しく運用されれば、社員は金銭だけではなく、自己実現とやりがいという報酬を得ることができます。

●ジョブ型雇用がうまく機能すれば社員は個性を発揮し、イノベーションと企業の成長に貢献し、株価は上昇し、自社株を持つ社員は大きな恩恵を受けることになります。

●成長する企業では様々な仕事が生まれ、社員のエンゲージメント、モチベーションは高まり、長期間にわたって会社で貢献しようと思う社員も増加します。ジョブ型雇用の世界では定年という概念もなくなります。定年とは、終身雇用は不可能であることを知る企業組織が一律かつ強制的に雇用を停止する制度だからです。個々の社員の意志と個性を無視した前近代的な制度です。

●本書の目的

ジョブ型雇用の成功のカギは、社員が個性を自覚し、ジョブを選択し、自分の運命に責任を持つこと、短い言葉でいえば「自律」と能力開発への自主的な取り組みです。

欧米では、古いタスク型からジョブ型雇用に移行するのに併行して社員の意識改革、コンピテンシー（成果を上げる行動）の学習、それを支える社員の個性、自発性を鼓舞する企業文化の醸成に多くの企業が取り組みました。

ひとりの偉大な経営者の力に頼るのではなく第一線の社員が変化を察知し、同僚を巻き込んでボトムアップで企業を変革するという活動に多くの企業が取り組みました。

しかし、日本企業はジョブ型社員の育成という根本的なテーマに取り組むことを怠ってきました。このことが、日本企業がイノベーションと成長を失った主因といえます。イノベーションはトップが命令して実現するものではなく、現場の草の根から生まれるものだからです。

本書『ジョブ型と課長の仕事』を著す目的は、コロナ禍の危機をチャンスに変え、日本企業で働く人の意識と行動の変容、イノベーションの創出と成長に貢献したいという願いを実現することにあります。

そして本書は、啓蒙書ではなく実用書であることを目指しています。これからの課長の意識や考え方、行動の改革のために次の3つのことを重視して伝えるように注力しました。

①WHY：なぜそうするのか（何を期待するのか）
②WHAT：何をするべきか
③HOW：どんな行動をとるべきか

本書でお伝えする要点を次ページの図表1に整理しました。

少子高齢化が確実に進む日本では、労働力不足は喫緊の課題です。年齢や性別、人種や国籍を超えた人材の活用は選択の問題ではなく、いかに効果的に行うかの問題です。

そのような環境では、グローバルに通用する基準で働き方を定めなければなりません。

図表1　Six Essentials 6つの基本

1．課長は中核管理職

トップダウンの指示を実行する中間管理職ではなく、自らのジョブを定め、ボトムアップでイノベーションと企業の成長に貢献する中核管理職になる。

2．21 世紀のパラダイムを主導する

「競争に勝つ」ではなく、顧客と社会への価値創造のために組織のメンバーと縦横無尽に協力する。

3．チームの目標管理を推進する

上意下達の目標管理ではなく、本来の目標管理（Management by objective and self control－自ら考え、目標を定め、自主的に管理する）を実践する。

4．役に立つスキルを磨く

チームの活力をつくるリーダーシップ、対話を通じて人と共鳴するコミュニケーション、そして想像と構想を生み出す思考の技術を学び、実践する。

5．マネジメントの焦点を理解する

21 世紀の新たなテーマ（コンプライアンス、リスク、D&I、SDGs）と不変のテーマ（顧客起点の行動）に焦点を当てる。

6．自らの運命を支配する

自らの個性に目覚め、ジョブを選び、学習と成長を続ける。専門性を深め、同時に視野を広げ、顧客と社会に貢献する。

- **本書でいう課長はタイトルを意味するものではなく、第一線で顧客・社会と向き合い、部下を束ね、リードする存在。**
- **多くの企業では課長という名称は使われなくなり、グループマネジャーやリーダーと呼ばれている。**

それがジョブ型雇用であり、私たちはジョブ型雇用に応じた働き方に早く馴染むことが求められます。その対象はまずは管理職、特に組織の中核を担う課長級の社員からジョブ型雇用に合った役割と仕事を理解し、行動を変容することが出発点になります。

課長級の社員は顧客と現場に近く、また、雇用の大層を占める第一線の社員をマネージし、リードする存在だからです。

本書は、国内外の企業の組織・人材開発を支援してきた筆者の経験と、実務のなかから得られた現場感覚に基づいて、ジョブ型雇用で活躍する課長の手引書とも位置づけられるよう、知っておくべきこと、やるべきことを体系的に解説しています。

本書に記されたことを実際のビジネス現場で活用していただくことで、皆さんの働き方が未来に向けて充実したものとなることを強く願っています。

ジョブ型と課長の仕事◎目次

第3章 チームの目標管理

第4章 チーム運営に必要なスキル

第5章 課長のマネジメント課題

第6章 課長の自己成長

CONTENTS

第1章

これから課長がやるべき3つのこと

●中間管理職から中核管理職への意識変革

課長の多くはプレイヤーとしての実績を積んだプレイングマネジャーです。しかし、これからの課長の仕事の中心は専門知識を使って問題を発見し、その問題を解決するためにリーダーシップを発揮することです。プレイヤーとして慣れ親しんだ仕事には愛着もありますので意識はプレイングに傾斜しがちですが、自らの姿勢と行動を律していくことが必要です。

ジョブ型における課長の役割は中間管理職から中核管理職に意識を変え、顧客の創造、イノベーション、企業の成長をボトムアップで推進することです。中核管理職としての課長の役割については、第2章で詳しく説明します。

顧客の創造、イノベーション、企業の成長は課長級の社員が推進していく一方で、経営者は、①事業構造の改革、②組織と人の再構築、③キャッシュフローのマネジメント、④資本政策を駆使した投資収益率（ROE）の向上、この4つに責任を持ちます。近年ではM&Aを使って事業を買収することも経営者の仕事です。いずれも容易なことではありませんが、経営者が決断し、自らの権限で実行することができます。

しかし、多くの経営者から聞く言葉は、社長に就任し、様々な改革に取り組んできたものの、結局、現在に至るまで不採算事業の整理やリストラといったモグラたたきを続けているということです。企業が成長していれば、ポジティブな投資活動ができるのですが、成長の停滞はキャッシュフローを枯渇させ、経営者を無限のリストラ地獄に引きずりこんでいきます。

この状態を救うことができるのが、第一線のリーダーである課長です。イノベーションを経営者に期待することは難しいでしょう。パラダイムシフトは辺境（フロンティア）から生まれるものだからです。その主役になりうるのは、現場にいる課長です。課長がこの新しい役割をしっかりと認識することが、これからの物語のスタート台になります。

これまで課長は、トップダウンで降りてくる経営目標を達成するための中継基地の役割を果たしてきました。経営の目標を理解し、所与の目標を達成することが役割であり、そのために自らも担当者として仕事をするプレイングマネジャーとしての働き方が主流になってきました。ジョブ型雇用における課長の役割はこれまでと大きく変わります。その役割を果たすため、課長はジョブの意味をしっかりと理解する必要があります。本章ではその指針を紹介していきます。

1 ジョブの意味を正しく理解する

●ジョブとタスクの違い

今後、日本企業でジョブ型雇用が効果的に導入されるためには、ジョブの意味を正しく理解しておく必要があります。それには、「ジョブ」と「タスク」と対比させてみるとわかりやすいかもしれません。

タスクが「機械的もしくは物理的な作業」を意味するのに対し、**ジョブは「問題や機会を発見し解決すること」「付加価値を創造すること」「誰かに貢献すること」**を目的とし、それを実現するための活動の全体を意味します。

この違いを理解するのによく引き合いに出されるのが「3人の石切り工の話」です。

旅人が旅の途上で石切り工に何のために石切りをしているのかを尋ねたところ、１人めの男は「生計のためめだ」と答え、２人めの男は「国で一番上手な石切りになるためだ」と答えた。そして３人めの男は「多くの人が安らぎを求める教会を造っている」と答えたという。

最初の２人の男は自分のためだけに作業（タスク）をしているのに対し、３人めの男は人々のために意味のある仕事（ジョブ）をしていることをこの寓話は物語っています。

ジョブとは何かを考えるために、私がビジネスパーソンとしてのキャリアをはじめた頃の印象深い２つのエピソードをお話ししましょう。

最初の経験は東京・日本橋にある野村證券本店営業部で株式の営業をしていたときのことです。私は自席で『会社四季報』をめくりながら自分なりにお客様に推奨する投資先の企業の研究をしていました。突然、爆竹が破裂したような大きな音がしたので、思わず目をつぶり体を硬直させました。おそるおそる目を開けると、目の前に剣道の竹刀を持った上司が立っていたのです。いきなり私はこういわれました。

「仕事とは外に出て、毎日100枚の名刺を配り、3か月で靴の底に穴をあけることだ！」

それが当時の私のノルマでした。私はその指示を忠実に実行し、靴の底に穴があいた頃、ノルマは達成できました。上司の熱血指導により、私にもお客様がつきはじめたからです。その上司からはその後も「考えるな！　歩け、歩け！」と指導されました。

2番目の思い出は、野村證券からコンサルティング会社マッキンゼーに転職したときのことです。配属はニューヨーク事務所。入社して2日目、私はウォールストリートにある銀行のプロジェクトにアサインされました。

そこでプロジェクトマネジャーからいわれたことは、「明日、彼らのオフィスに行き、会議のファシリテーションをしなさい」でした。ファシリテーションの方法もわからなければ、英語も流暢ではない私への無理難題でした。なんとか切り抜けた翌日、マネジャーから報告を求められました。会議参加者や討議内容など、把握しているかぎりのことを話したのち、最後にマネジャーから一言、「それで君が見つけた問題は何だったね？」と尋ねられました。さらに、「その問題を解決するための君のアイデアを聞かせてくれ」と畳みかけてきました。

私はファシリテーションをタスク（作業）として捉え、マネジャーはジョブ（問題発見とその解決）として私に仕事を委ねたのです。

そのとき、上からの指示を忠実にこなす野村證券時代のノルマがタスクであり、マッキンゼーでの問題の発見と解決する仕事がジョブであると悟りました。

●ジョブとは付加価値を生むもの

タスクの多くが今後、機械やＡＩに代替されていくと予測されています。これまでは熟練を積み上げてスキルを磨けば、能力ある人として評価されてきました。しかし、今後は付加価値を生み、イノベーションを生み出して企業の成長に貢献する人が評価されるようになります。セブン‐イレブンの創業者である鈴木敏文氏は次のように述べています。

「誰もが答えをわかっていることは「作業」にすぎない。仮説を立てて答えを見つけ、問題解決に導いて初めて「仕事」になる」（『鈴木敏文の経営言行録』日本経営合理化協会）

限られた経営資源を使ってテコの力を活かすように何倍ものパフォーマンスを上げていくには、付加価値を生むジョブ型の仕事がより重視されていくことになります。

コロナ禍によるリモートワークの拡大は会社や顧客のオフィスへの移動、形式的な会議や訪問など不要なタスクを強制的に消滅させます。ジョブをよく理解した課長は無駄なタスクから解放され、効率的な仕事スタイルに切り替えることで生産性を高めることができます。

一方で、ジョブ型に対応できず、タスクから抜け出せない課長は存在意義が問われていきます。

2 ジョブの価値を向上させる

●ジョブは与えられるのではなく、自らつくるもの

ジョブ型雇用のもとでは、課長は自分が担うジョブを提案し、それを高めていく視点を持たなければなりません。会社が掲げる理念や経営方針といった、会社が皆さんに求めることをしっかりと理解し受け止めたうえで皆さんの考えを埋め込み、会社が求める以上のことを果たす気概が大事です。

指示されたことをこなすだけのタスクでは、費やした時間分の報酬が支払われるだけです。しかし、同じ作業であっても、目的を明確に意識すればタスクがジョブに変わります。ジョブであれば、その価値に応じた報酬が支払われます。

リモートワークによる生産性が議論されるようになってきましたが、移動の時間が減っ

ても、ただ作業時間が増えるだけになれば付加価値は生まれにくく、組織の成長は停滞したままです。

その意味から組織の中核である課長はプレイングマネジャーとしてタスクをこなす人ではなく、自ら価値を生み出す仕事をする人にならなければなりません。ここが大事なところですが、**ジョブは会社から与えられるのではなく、自らつくるもの**です。

欧米企業では社員が解雇されるときに「あなたの能力の問題ではなく、あなたにお願いするジョブがなくなった」といわれたりします。これからの日本企業でもなすべきジョブを課長自ら提案できないなら、雇用の機会を失いかねません。

少し前ですが、日本企業の経営者と一緒にゼネラル・エレクトリック（GE）日本支社のCEOを訪ねたときのことです。同社の当時の業績が絶好調であったこともあり、同行した方は「我が社は問題山積ですが、GEの業績は素晴らしく、問題がないのが羨ましい」といいました。

それに対しGEのCEOは「とんでもない。私の周りは問題ばかりです。だから、クビにならずにすんでいるのです」との返事でした。

要するに、GEではポストは問題を解決するために存在し、問題がなくなればポストもなくなるということです。日本の企業でも問題発見にこだわる会社はあります。リクルートは「不」の発見といい、問題の発見をリクルートの成長の機会と捉えています。「現地現物主義」を標榜するトヨタ自動車も同様に問題の発見が企業文化のようになっています。

通常、問題を語るとき、人は苦虫を噛むような表情をするのですが、ＧＥやリクルート、トヨタ自動車の社員は問題の発見、その結果として自身のジョブの提案を嬉しそうに語っているように感じます。

ジョブの価値を測る指標

それでは、欧米の企業ではジョブに対してどのような基準で価値を測定し、報酬が支払われるのかを見てみましょう。

代表的な評価基準の１つが、ヘイ・ガイドチャート法です。これは人と組織のコンサルティングに強みを持つヘイ・グループ（現コーン・フェリー）の創始者エドワード・ヘイが開発したもので、現在までジョブの価値を測定する手法のグローバルスタンダードになっています。

エドワード・ヘイはジョブを「**一定の知識やスキルを使って問題を解決し、会社に価値を創造する活動**」と定義しました。そのうえで、3つの評価要素と8つの評価軸からなる評価基準を定めました。3つの評価要素とは、「知識・スキル」「問題解決」「アカンタビリティ（成果貢献）」です。前節で紹介したジョブの要素がそのまま反映されています。

(1) 知識とスキル

①**専門知識とスキル**：その知識やスキルの広がりと深さはどうか。どのくらいの業務経験で習得できるのか。あるいはは学士、修士、さらには博士レベルのものが必要なのか。日本もしくは世界で一流というレベルが求められるのか。

②**マネジメントスキル**：1人で仕事をするのか、数人の部下を使うのか、という段階から部署、部門の統括、事業全体、会社全体の統括までを担うのか。

③**人間関係スキル**：同僚と普通に仕事ができる、というレベルか。相当に複雑なコミュニケーションが求められるのか。人の心理、心情の機微の理解が必要なのか。

(2) 問題解決

④問題の範囲：取り組むべき問題はどの程度複雑なものなのか。取り組む問題は自明なのか。誰かが明確に指示してくれるのか。あるいは、自ら問題を定義する必要があるのか。問題の発見にどの程度の想像力が求められるのか。

⑤問題の難しさ：その問題を解決する標準的な手法はあるのか。改善や改良はどの程度求められるのか。複雑な分析や多様な視点、手法が求められるのか。誰も成功したことがない、未踏の挑戦なのか。

(3) アカンタビリティ（成果貢献）

⑥行動の自由度：そのジョブを行うための権限と行動にはどれほどの裁量があるのか。

⑦ビジネスの成果：その活動から生まれるビジネスの成果はどれほど大きいものなのか。

⑧貢献の大きさ：成果を生み出すためにどれほど主導的に貢献するのか。他者との協力の程度はどの程度大きいのか。

ヘイ・ガイドチャート法では上記の８つの評価軸に定量的な詳細な基準（図表２参照）

図表2　ヘイ・ガイドチャート法とは

ジョブの価値を測定する理論的なアプローチ

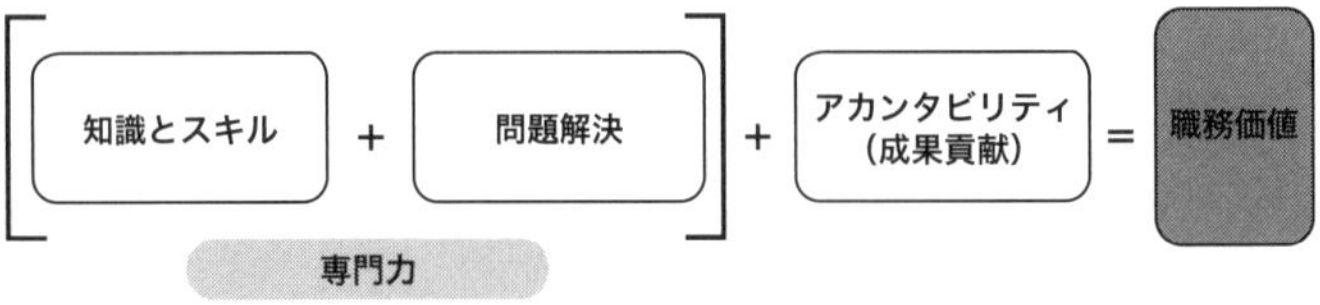

● 「職務価値」はその仕事に求められる「専門力」と「アカンタビリティ」の足し算。
● 「専門力」はその仕事をするうえで必要な「知識とスキル」と「問題解決」の足し算。

詳細な物差しがあり、ジョブの価値が数値化される

3枚のガイドチャート

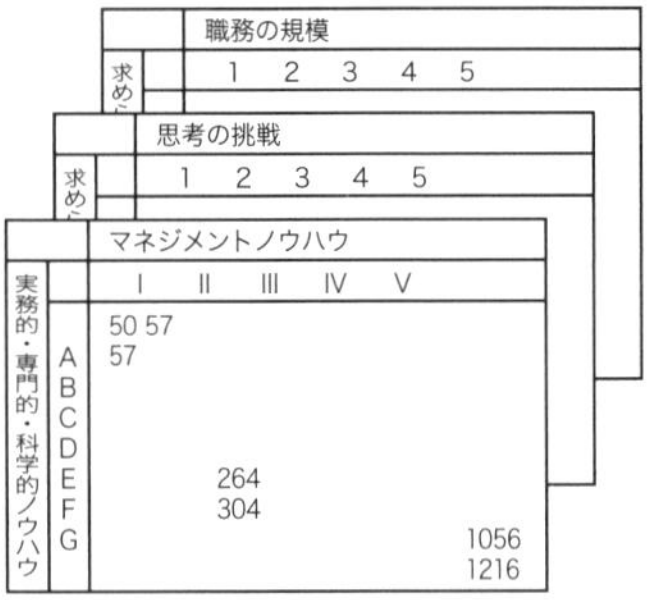

あるポジションの職務評価結果

知識とスキル	FⅢ3	528
問題解決	F4（50%）	264
アカンタビリティ	E4P	350
仕事の価値（ジョブサイズ）		1142

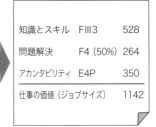

があり、最終的なジョブの価値が数字で示されます。大企業のＣＥＯであれば１万ポイント超が標準であり、このポイントに応じた報酬は欧米であれば数億円以上になります。日本の中間管理職（課長職）のジョブが経営層から指示された目標を前例に沿って執行することだとした場合、その価値の範囲は４００～６００ポイントあたりです。

このポイントを高めるには、指示された目標の達成だけでなく、自ら自発的に大きな目標を定義し、それを達成することで企業の成長と発展に貢献する、より大きなジョブを果たすことが必要になります。この場合のポイントは８００～１０００ポイントの範囲になり、報酬も相当に高まります。欧米でグローバルスタンダードになったヘイ・ガイドチャート法は高い目標に自発的に挑み、大きな貢献をするジョブの価値を定量化し、その役割を果たす人にフェアに報いることを可能にするシステムです。

これからの課長には自分自身がどのレベルのジョブをしているかを認識し、より価値の大きいジョブの条件を理解し、自らが担うジョブの価値を高める姿勢が求められます。

3 ジョブを実践する原則を知る

●7つの原則

ジョブの意味を理解し、より価値の大きなジョブを目指す場合、それを実践するために課長が備えるべき7つの原則があります。

［第1の原則］ 2020年代の成功につながるマインドセット

21世紀初頭までの株主至上主義は短期の財務成果を追い求めるという弊害を生みました。今後は顧客起点・社会起点による価値創造の経営が重視されます。競争に勝つのではなく、顧客や社会の価値を生み出す企業が自然と生き残っていきます。

【第２の原則】トップダウン型目標管理ではなく、自律型目標管理

ビジネスのテーマと課題を自ら発掘し、その解決に向けた目標を自発的に掲げ、成果を果たすためのスキルを自主的に学習することが重要になります。

【第３の原則】３６０度型リーダーシップ

地位や権限ではなく、自らの志・姿勢・行動による人間的な影響力で３６０度の関係者、すなわち上司・部下・同僚・顧客・外部協力者を仲間にするリーダーシップを備えなければなりません。

【第４の原則】顧客の創造

顧客の創造とは、「自分のビジネスにおける顧客起点とは何か」を深掘りして文字化し、すぐに行動を起こしてリピーターをつくることです。「顧客と一緒に企業が成長していくには何が必要か」も深く考え、チームメンバーと共有します。

【第５の原則】思考力の錬磨

自ら問題を発見し、その解決策を探索するには思考力の深さが重要です。ビジネスを取り巻く環境がどんな状況にあるかをよく観察し、これまで以上に知識や経験を増やし、他者との情報交換などから次に起こることを予見する能力を磨くには、「常に考える」「深く考える」ことを習慣にします。これを机上だけでするのではなく、街を歩いて感じたことや考えたことをメモして記録し、それを見ながら熟考することで思考力を練磨します。

［第6の原則］コミュニケーション力の練磨

コロナ禍により顧客訪問や部下や同僚と対面でコミュニケーションする頻度が大きく減り、これが今後は「新常態」となります。コミュニケーションの量が減るぶん、質が問われるようになります。

コミュニケーションの質を磨くには、まずは人に関心を持つことです。そして、人の思いや感情を理解することに努め、そのうえで人と対話することを励行し、社内外の人脈を広げる行動力が重要になります。

［第7の原則］社会的課題への積極的な関与

コンプライアンスやダイバーシティなどの社会的な課題に対して、率先して貢献しなければなりません。これまでの年功序列の制度にありがちな上意下達型の部下マネジメントは通用しなくなります。ダイバーシティを前提にした職場では、メンバーそれぞれの個性を承認し、細やかなコミュニケーションが大事です。

さらには、パワハラやセクハラなどのハラスメント対策や、不祥事を未然に防ぐコンプライアンス遵守を基本にした職場づくりもチームを預かる課長の仕事です。

そして第6の原則とも重なりますが、メンバーのマネジメントは部下を理解し、部下の能力開発と目標達成を支援する役割を強く意識します。それには、メンバーのモチベーションを理解し、それを活かすための対話のスキルがカギになります。

第2章

5つのマインドセットを変える

●新常態で変わるマネジメント

新型コロナウイルス感染症の影響で、多くのビジネスパーソンの働き方が著しく変わりました。満員電車での通勤、会社での会議、顧客への訪問、夜の接待や社内の飲みニケーションなどの時間が激減し、コミュニケーションの中心はオンラインになりました。新しい日常に対応するには、無意識のうちに身についた常識をゼロベースで見直さなければなりません。以前の状態には戻らないとの前提に立ち、新常態のなかでの課長のジョブとは何かを見定めていきます。

感染症の影響は働き方の変化だけではなく、より根本的な問題である働く目的の変化にも及んでいます。経済活動を何よりも優先し、株主の利益を至上とし、財務的な成果を重視するという経営はいま、地球環境からの復讐を受け、立ち往生しています。これからの私たちは「競争相手を凌ぎ、限られたパイを奪い合い、会社の財務目標達成のために働く猛烈社員」や、その対極にある「自分の個性を殺し、会社からいわれるがままに滅私奉公する社畜社員」という古い上衣を脱ぎ捨てなければなりません。

本章ではそのために必要な指針を紹介します。

1　マインドセットの変革①「競争に勝つ」から脱却する

●競争志向から顧客志向へ

これまでビジネスでは競争に勝つことが当然とされてきました。しかし、その様相が少しずつ変わってきていることに皆さんもお気づきでしょう。

日本企業は高度経済成長期に飛躍的な成長を実現しましたが、１９７４年のオイルショックあたりから成熟期に入り、成長から利益追求にシフトしはじめた結果、競争相手のシェアを奪うシェア競争の時代へと変わっていきました。

その頃、ハーバード・ビジネス・スクールのマイケル・ポーター教授が著した『競争の戦略』が日本でもベストセラーになったり、世界でナンバーワンかそれに次ぐ事業以外は切り捨てるとした米ゼネラル・エレクトリック（ＧＥ）の「ナンバー１・ナンバー２戦略」が話題となったことなどもあり、「市場シェア」「営業利益率」「投下資本利益率」「時価総額」などの基準で競争に勝つことで企業規模を大きくすることが日本企業の第一の目標になりました。これにより、本来なら優先的に顧客に向けるべき目が自社と競合他社へ向かってしまったのです。

その一方で、21世紀前後からGAFAをはじめとするハイテク企業が他社との競争ではなく、ユーザーにとって価値あるものを追求し続けたことで急成長を遂げ、結果として競合が太刀打ちできないほどの力を持つようになりました。

GAFAが圧倒的な勢力となりましたが、それまではマイクロソフトが強力なマーケティング力を武器に同業他社の追随を許さない勢いを誇っていました。

それが徐々に新興企業にその地位を脅かされるようになるのですが、2014年にサティア・ナデラ氏がマイクロソフトのCEOに就任すると彼は「競争はしない。世界のあらゆる企業と協力する」「社員には社内の競争ではなく、協力を求める」「ヒーローを称賛しない」と、競争から共創への転換を図り、GAFAMと称されるように世界的な有力企業の一角として再評価を得るに至っています。

●顧客と社会の課題に目を向ける

少々話が壮大になりましたが、成熟した経済社会では競合に勝つことに力を注ぐのではなく、**自分たちが持つ価値を改めて見つめ直し、その価値が顧客や社会の課題にどのように役立つかが企業生き残りのカギになります。**顧客側から見れば、企業がもたらす価値が自分たちのニーズを満たすものかどうか、満たさないのであれば不要だということです。

「競争に勝つ」から「自社の価値を最大化して提供する」ことへのすべての社員の意識転換が、先読みが難しいといわれるこれからのビジネスにおいて唯一絶対の真理となります。ここにこれからのビジネス社会を生き抜く答えがあるのですから、組織やチームを運営する役割を担う人は迷わず顧客に最大の価値を提供できる働き方を見出さなくてはなりません。

2

マインドセットの変革②
戦略的思考の定義を変える

●欧米的競争戦略を過度に信奉しない

「競争に勝つ」から脱却することとは、競争相手を追い落とすための戦略的思考はしないということです。つまり、戦略的思考を代表する「ＰＰＭ」「３Ｃ」「ＳＷＯＴ」「４Ｐ」といったフレームワークやマイケル・ポーター教授が提唱した「３つの競争戦略」を過度に信奉しないということです。

欧米的な株主至上主義の経営のもとでは、経営者は株主から預かった資金を効率的に運用することが最重要の責任でした。しかし、世界的に地球環境との共生が求められていく今後、社会や顧客に価値を提供できなければ、会社の存在意義が失われます。その新たな

図表3　欧米流の戦略立案手法

▶ PPM（プロダクト・ポートフォリオ・マネジメント）

「事業・製品の成長性」と「市場シェア」の2つの軸で4つの象限をつくり、事業・製品がどの象限に入るかを分析し、全体最適の資源配分を行うというアプローチ。事業を「負け犬」「キャッシュ・カウ（お金を生む牛）」などに分類する。

▶ 3C

Customer（顧客）、Competition（競合）、Company（自社）の3つのCではじまる要素をバランスよく捉えて戦略を策定するアプローチ。

▶ SWOT

競合に対する自社の強み（Strength）と弱み（Weakness）を分析し、機会（Opportunity）と脅威（Threat）を導出するアプローチ。

▶ 4P

Product（製品）、Price（価格）、Place（流通）、Promotion（販売促進）の4つの視点で商品・サービス戦略をつくるアプローチ。

▶ ポーターの3つの競争戦略

①コストリーダーシップ戦略（競合よりもコスト効率を高める）、②差異化戦略（製品・サービスの差異化により他社との競争優位性を高める）、③集中戦略（持てる資源を製品、流通、販売エリアなど他社よりも優位性が打ち出せる対象に集中させる）

時代においては、欧米的な戦略的思考のフレームワークは有用ではなくなります。

しかも、このようなフレームワークは標準化され、誰でも利用できるため、結局、どの会社の戦略も同じになってしまう、戦略のコモディティ化という現象が起きています。

日本企業に戦略経営の概念と手法を紹介した第一人者である大前研一氏は20年も前に時代の変化を次のように見抜いていました。


「競争優位の戦略、商品市場戦略、アライアンス戦略、そしてバリューチェーンやコア・コンピタンスといった、競争のエッセンスとなるフレームワークは、二〇世紀後半、安定成長が見込まれる工業化社会の末期に生み出されたものである。それらを一部の企業エリートが学び、戦略なるものを立案し、数千あるいは数万の現場従業員たちを指揮しながら粛々と実践することで成長できる時代は終わった。」(出所：DIAMONDハーバード・ビジネス・レビュー　2001年5月号「見えない大陸」：覇者の条件)

●ブルーオーシャン戦略に立ち戻る

ただし、戦略的思考そのものが不要ということではありません。欧米的な競争戦略はその役割を終えましたが、日本的な意味での戦略的思考は有用です。

戦略の「略」は省くという意味です。**戦いを省くこと、すなわち敵のいない場所を見つけるという意味が戦略**という言葉に含まれています。

これは21世紀に入り注目されはじめたブルーオーシャン戦略とほぼ同じ意味です。フランスのINSEAD《インシアード》というビジネススクールのW・チャン・キム教授とレネ・モポルニュ教授が2005年に出版した本のタイトルに使われた言葉です。ひしめき合う競合が血を血で洗うような戦いが繰り広げられるレッドオーシャン（血で染まった赤い海）での戦いは疲弊するだけなので、敵のいない穏やかなブルーオーシャン（青い凪の海）で顧客に対して付加価値の高いビジネスを行うことに知恵を使うということです。ブルーオーシャンでは無用な戦いは省かれ、顧客を創造することに専念できます。

実はブルーオーシャン戦略の真髄は、我々日本人にも馴染みのある「孫子の兵法」に一致します。

春秋戦国時代（紀元前500年頃）の中国の軍事思想家、孫武の作とされる「孫子の兵法」は経営戦略の本質を唱えています。

百戦百勝は善の善にあらず。戦わずして人の兵を屈するは善の善なるものなり（百戦して百勝してみても良い勝利とはいえない。戦わずに兵を失わないことこそ、良い勝利といえる）

競争相手たちに連勝し続けるうちに自軍の兵は失われていく。それよりも、相手が戦いを挑まないような策をもって勝利を収めていけば、消耗線に巻き込まれることなく兵力を温存でき、蓄えられた力を存分に発揮できるということです。

つまり、**戦略的思考の定義を変えるとは、競争戦略からブルーオーシャン戦略に立ち戻るということ**です。

ここで立ち戻る、という表現を使ったのには理由があります。1980年代までの日本企業の世界での躍進を担ったのは、ブルーオーシャン戦略であったと思うからです（当時、この言葉はまだ生まれていませんでした）。自動車を代表とする日本の製造業における低価格・高品質を追求する考え方は、低価格であれば低品質が当然という米国の市場ではブルーオーシャンでした。

また、日本から生まれた即席麺、レトルト食品、カラオケ、電卓、ビデオ、ラジカセ、デジカメ、そしてソニーのウォークマンは欧米のライフスタイルにはなかった新しい消費者ニーズを掘り起こし、開拓したものであったからです。

ブルーオーシャンは競争戦略のフレームワークに沿ったデータ分析やロジックでは見つけられません。オフィスから出て、世の中の流れや人の行動を実際に見たり、いろいろな人との意見交換から多くの情報を得て、自分のビジネスがもっと役に立つ場所や場面がないかを感じることからその糸口が見つけられます。考える前に感じることが大切です。

最近、データアナリティクスという言葉が流行しています。しかし、古い競争戦略の考え方を前提にしたデータアナリティクスは無用の長物であることを認識する必要があります。

3 マインドセットの変革③ 管理者から支援者に変わる

●部下を管理するだけの管理者はいらない

日本企業の管理職は「人を管理する」というマインドセットが強いのではないでしょうか。

ジョブ型の働き方が進めば、働き手は自らの役割に従い成果を上げていくようになります。トップダウン経営が後退し、ボトムアップ経営が前進し、社員は自分自身を管理することになり、部下を管理することだけが目的の管理職はその存在意義がなくなります。

つまり、これからの課長は部下に指示する管理者というマインドセットを捨てなければなりません。

課長とは部下に指示・命令を下す権限者だと理解している人にありがちなのが、組織内の論理や都合を優先させて、顧客起点の意識が弱いことです。簡単にいえば、顧客よりも社内の上下関係を優先させるということです。

これからの経営のカギとなる顧客起点を定着させるには、課長は**組織内論理で部下を管理するのではなく、メンバー一人ひとりのパフォーマンスを顧客に向けてまとめ上げるように支援する**存在に変容しなければなりません。

●ファシリテーターの役割になる

ファシリテーションとは他者の仕事をやりやすくし、仕事の達成を容易にすることです。通常のビジネスのオペレーションに加え、パワーハラスメントやコンプライアンス問題への対応やダイバーシティの推進などによる働き方の多様化により、課長の仕事の幅はこれまでよりも大きく広がります。

そして、事業を成長させるためにメンバー一人ひとりの能力開発の支援者としての力量も求められます。権限を行使する管理者ではなく、ボトムアップで事業を推進するプロデューサーとしての役割も求められます。

これらの役割をすべて自分で引き受け、やりきることは不可能なことです。本当に難しい問題、難局を抜けるためには自ら先頭に立つことが必要ですが、メンバーができる仕事に手を突っ込むやり方では成果は上がりません。

「人を管理する」というマインドセットを捨てて、部下に責任を移譲し、部下が役割を果たせるようにファシリテーションを行うというマインドが必要です。

ここで責任の移譲という表現を使いました。普通は権限の委譲といいますが、権限とは責任を果たすためのものです。大切なことは部下が強い責任意識を持つようにするということです。英語ではHolding people accountableといいます。

4 マインドセットの変革④ 部下ではなくパートナーとして接する

●部下から学ぶ

これまでの日本企業では上司と部下の関係は、身分の上下関係として捉えられがちでした。課長ならば部下よりも経験や実績があり、指導や育成という上からの目線でメンバーを見がちになるのはそうしたことが根底にあるのでしょう。

しかし、ジョブ型のもとでは課長は先述したようにチームのまとめ役としての機能が強く求められます。そのうえ、自分よりも職歴が浅くても、専門知識に勝る部下が活躍できる社会になっていきます。ジョブ型雇用で専門知識を持つ新入社員の初任給を手厚くする企業が話題になるのはその兆しといってもいいでしょう。

社歴よりも実務での実績、最前線で顧客と対峙している強み、組織慣れしていないことによる世間の常識による物事の見方は若手の有用な能力といえます。

こうした人の能力を見出し、場合によってはその人たちから学ぶことがこれからの課長には必要です。上司が部下から学ぶなどできない、という意識は課長本人の成長を自ら放棄することになります。上司は偉いというマインドセットを捨て、**誰からでも学ぶ姿勢を持てるかどうかが、これからの時代に対応できるかどうかの分かれ道**になります。

デジタル技術、特にＡＩの分野を牽引するのは10代から20代の若者であるという事実があります。

現在の日本でも新興のベンチャー企業では20代の経営者や幹部社員が多く活躍していますが、彼ら彼女らと接していて感じることは、大企業の経営者や幹部社員と同等の人格を有しているということです。まさに地位と役割は人をつくるということです。しかも大企業の上層部よりも常日頃、顧客や現場に携わることが多いぶん、顧客起点・社員起点の意識が強いことを感じます。

これからの課長には、「上司は偉い」ではなく、**一人ひとりのメンバーの能力や人間性が自分とは違うとの意識を持ち、それぞれの個性を活かした、ヒューマン・マネジメントが重要**になってきます。

5 マインドセットの変革⑤ 中間管理職から中核管理職に変わる

●ピラミッドを逆さまにする

中間管理職という言葉には、組織のキープレイヤーであると同時に、「責任はあっても、最終的な権限はない」「上司と部下の板挟み」「部下の失策の連帯責任」などネガティブな一面も含まれています。

しかも欧米企業では管理職は一般社員よりも報酬が格段に上なのに対し、日本では残業代が出ないので収入は実質下がることもありえます。現実に企業の報酬水準の国際比較を見ると、一般従業員では日本が高いのですが、管理職以上になると日本は諸外国と比べて低い結果になっています。

日本企業の組織形態がピラミッド型階層であるかぎり、中間管理職はこうしたネガティブな側面を拭い去ることはなかなかできないようです。

階層組織では課長は会社方針を部下に伝え、今期の目標の達成のためにPDCAを回していく機械的存在になりがちです。これでは上意下達という組織内論理に陥り、本質的な顧客起点で事業を捉えることができなくなります。

仮にピラミッド型階層が顧客起点の妨げになるなら、キープレイヤーとしての**課長はピラミッドを逆さまに捉えて上に来た底辺を支えるイノベーションの主役**に立候補してはどうでしょうか。心ある経営者はそれを待っていると思います。

上意下達の中間管理職という意識では会社の成長ドライバーにはなりえません。持つべき意識は「中間管理職」ではなく、「中核管理職」です。

●課長は成果を生み出すプロフェッショナル

日本の多くの企業では構造改革、リストラ、M&Aが日常的に行われるようになりました。経営者は株主の期待に応えるためにROE（自己資本利益率）の目標を立て、財務管理を徹底して行います。株価の上昇を期待して自社株買いを行います。

しかし、顧客の創造、事業の創造は経営者にはできないことです。ビジネスは現場の草の根から生まれるものだからです。大きな設備投資を必要としないソフトウェアの事業は特にそうです。経営者の出番はありません。課長が階層の中継点としての中間管理職であるかぎり、企業の成長は期待できないということです。

ジョブ型以前の課長は経営者が求める業務の執行者で通用できたのですが、ジョブ型では会社の成長のためにブルーオーシャン戦略を構想し、自部署の進むべき方向を示すことが求められます。業務内容とその推進方法が適切かどうかを評価し、メンバーを支援しながら成果を生み出すプロフェッショナルです。

企業の成長のための経営者のジョブは、「企業の使命とビジョンの確立」と「収益とキャッシュフローの確保」が中心です。

それに対して**課長のジョブは、「顧客満足による需要の拡大」「部下のエンゲージメント向上の支援による業績向上」「顧客起点からのイノベーションによる組織の成長の牽引」**になります。これこそが中間管理職ではなく、中核管理職の役割です（図表4参照）。

図表4　経営者と課長の役割

上下関係から協力関係へ

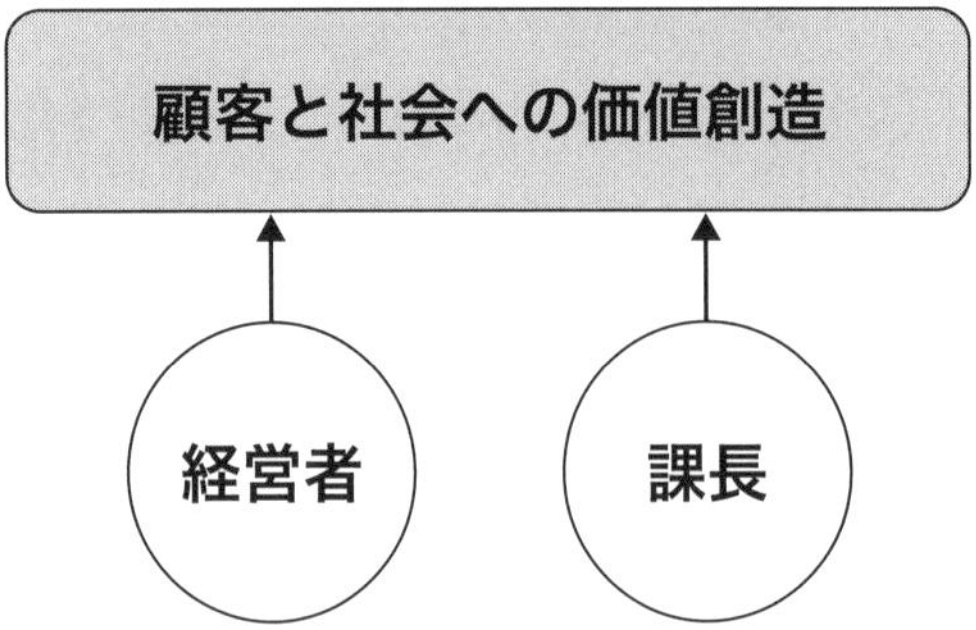

	経営者の役割	課長の役割
守り 収益の確保	●事業構造の改革（選択と集中） ●そのためのM&A ●資本政策によるROEの向上 ●経費構造の改革 ●そのためのリストラ ●そのための機械化と自働化（守りのDX） ●収益とキャッシュフローの確保	●会社共通の経営目標の達成
攻め 事業の成長	●企業の使命と存在する目的の定義 ●成長をファシリテートする経営プロセスの設計と運営 ●シャープなヒエラルキー（意思決定者の明確化）の維持 ●組織共通の病（悪しき官僚制、無駄な仕事、サイロ化＊）の克服への執念深い努力の継続	●顧客満足による需要の拡大 ●チーム活力の向上による業績の向上 ●ボトムアップのプロジェクト運営 ●イノベーション ●そのためのデジタル技術の活用（攻めのDX）

＊サイロ化：自分の仕事ばかり優先することで、周りの仕事に関心を寄せなくなって外を見なくなることを、畜牛の餌となる牧草を貯蔵する円筒形の倉庫にたとえた言い方

第3章

チームの目標管理

チームは単なる集団とは違う

本章ではチームの目標管理について解説します。まず、大切なことはＴｅａｍという英語を片仮名で表現するチームの意味です。チームとは、１人では達成できない難易度の高い目的を個性の異なる人々を集め、それぞれの強みを活かし弱みを補いながら実現するために組織されるものです。そしてチームには期間があり、目的が達成されれば解散します。

課には複数のメンバーが参加していますが、複数のメンバーが存在するだけではチームではなく、グループ（人の集団）にすぎません。**メンバーが目的に共鳴し、個性を生かして協働する意志を固めたとき、グループはチーム**になります。チームは課という単位に限定されるものでもありません。他の部署、他の課のメンバーであっても共通の目的に結集するのであれば、チームになります。

ポイントは「プロセスとセルフコントロール」

多くの企業で採用されている目標管理は、経営学の神様といわれるピーター・ドラッカー氏が提唱したＭＢＯ（Management by Objective and Self-Control）の考え方がベースになっています。ＭＢＯというと「業績などの目標の達成を管理する経営者の道具」として日本では理解されることが多いのですが、ドラッカー氏は「目標を持つことで仕事の仕方をマネジメントする社員のための道具」という趣旨でこの考え方を打ち出しました。自分に与えられた目標を達成すればよいのではなく、**目標が達成されるための仕事のプロセス、必要なタスクのあり方、リソースの配分を工夫することで、結果として常に目標が達成される状態をつくることがＭＢＯの基本**です。

日本語に翻訳されるとき、「ａｎｄ」以下が削れてしまったため、目標達成が主眼となり、「なんとしても目標を達成する」と曲解されてしまいました。

本来は、「セルフコントロール（自律的な行動）」が重視されます。トップダウンの戦略経営による目標を上意下達で部門に降ろし、各部門の目標達成を上長が管理する、何としてでも目標を達成しようという、多くの日本企業に見られる日本型目標管理とは異なるマネジメント手法だったのです。期末が近づいて、目標の達成率がまだ95％だ、あと５％をなんとかしようというのは本来の目標管理とは似て非なるものです。

ドラッカー氏の主張はシリコンバレーを生み出したといわれるヒューレット・パッカー

ド社が創業期に発明した仕組みだとされますが、ドラッカー氏はこの考え方を整理し、体系化したといえます。ドラッカー氏は自己管理ということに相当に強い思いを持っていたようです。

「目標管理を採用している組織は多い。しかし、真の自己管理を伴う目標管理を実現しているところは少ない。自己管理による目標管理は、スローガン、手法、方針に終わってはならない。原則としなければならない。」

「哲学という言葉を安易に使いたくない。できればまったく使いたくない。大げさである。しかし、自己管理による目標管理こそ、マネジメントの哲学たるべきものである。」（『マネジメント　基本と原則』P．F．ドラッカー著、上田惇生編訳、ダイヤモンド社）

チームの目標をメンバーが共有しながら日常の行動を自律的にマネジメントしていく本来の目標管理は、まさにジョブ型雇用の真髄といえます。

●課長としてのプロの役割

そのドラッカー氏は著書『プロフェッショナルの条件』（上田惇生訳、ダイヤモンド社）のなかで、「プロフェッショナルとは成果を創造する存在」だと言及しています。

中間管理職としての課長は上層部からのタスクを的確にこなしていくことが役割ですが、**中核管理職としての課長は企業の使命、存在する目的や経営の大方針を理解し、そのうえで自分の考えを打ち出し、付加価値を生み出す**ことを目指したいものです。

これこそがドラッカー氏のいうプロフェッショナルの条件であり、ジョブ型雇用で果たすべき課長の役割でしょう。

また、ドラッカー氏は『プロフェッショナルの条件』のなかで、現代の課長の成果の考え方にもヒントになる名言を遺しています。

「組織は社会の機関である。外の環境に対する貢献が目的である。しかるに、組織は成長するほど、特に成功するほど、組織に働く者の関心、努力、能力は、組織の中のことで占領され、外の世界における本来の任務と成果が忘れられていく。」

「成果をあげるためには、貢献に焦点を合わせなければならない。手元の仕事から顔を上げ、目標に目を向けなければならない。『組織の成果に影響を与える貢献は何か』を自らに問わなければならない。」

「成果をあげる者は、時間が制約要因であることを知っている。あらゆるプロセスにおいて成果の限界を規定するものは、最も欠乏した資源である。それが時間である。」

「成果をあげるための秘訣を一つだけあげるならば、それは集中である。（中略）集中とは『真に意味あることは何か』『もっとも重要なことは何か』という観点から、時間と仕事について、自ら意思決定をする勇気のことである。」

成果に過剰にこだわりすぎると組織の歯車が狂い出すことになりかねないので注意が必要ですが、**組織とそこで働く人の成長のためには「成果」という共通の目標にベクトルを合わせることが最も重要**です。そのベクトル合わせが課長としての重要任務になります。

本章では企業のイノベーションと成長をドライブするため、課長自身とメンバーの目標管理において何が必要で、何を行えばよいかについて解説していきます。

1　自律的な仕事環境をつくる

●ジョブ型への意識転換を図る

リモートワークが働き方の新常態となっていく今後も、部下の力を引き出し、チームの目標の達成を最終ゴールに向けてマネジメントしていくという課長の役割に変わりはありません。

ただこれからは、部下との対面コミュニケーションは制限されるので、**「部下のタスクをマネジメントする」ことから「部下の自律を促し、ジョブの達成を仕組みで支援する」という環境をつくることへの行動変容が必要**になっていきます。

自律的に働くことができる環境は決定的に重要ですが、実際にその環境を整備することはそう簡単ではないかもしれません。特に上意下達的なやり方に慣れている職場ではなおさらでしょう。
これまでの日本型目標管理制度では、メンバーは上長から要請されたことについて、できる範囲でそれに同意するというのが通例です。これまでの制度は本書で紹介する目標を自主的に提案するものとは異なるので、自律性が根底にあるジョブ型での行動への戸惑いが生じるのは仕方ないでしょう。

自律を促す「三自の精神」

そこでまず、「自律」の意味をしっかりと認識してもらうことからはじめます。私は「自律」を説明するとき、キヤノンの行動指針の原点「三自の精神」を例にします。

三自とは「自発・自治・自覚」であり、「何ごとも自ら進んで積極的に行い（自発）、自分自身を管理し（自治）、自分が置かれている立場・役割・状況をよく認識する（自覚）」姿勢で各自が仕事に取り組むための行動指針です。「三自の精神」の実践が自律ということです。

自律の意味を共有したうえで、課長は一人ひとりのメンバーを信頼し、責任を委譲します。「責任の委譲」といっても仕事の丸投げではもちろんなく、成果を出すための支援はしっかり行います。

メンバーの創意工夫が発揮できる仕事環境をつくり、メンバーが正しいプロセスで仕事をしているかを見守りながらゴール達成を後方から支援します。いわゆる「任せて、任さず」ということです。

この環境にするには、**課長は自分自身とメンバーの行動に関する規律と業務のプロセスを新たに設計**し直さなければなりません。課長が自らのジョブを定義したら、個々のメンバーがジョブを定義するように支援します。

仕事をする能力は人によって様々です。メンバーそれぞれの個性を活かせるジョブが配分されれば、チームは自律的に機能し出します。

●ジョブ型環境の3C

自律型な組織が機能する環境には3つの共通の特徴があります。

「明確（Clarity）」「責任（Commitment）」「能力（Capability）」の3つです。どれもC

ではじまるので私は「ジョブ型環境の3C」と呼んでいます。

●明確（Clarity）

ジョブの目的が明確であるということです。目的は質的なものです。何のためにこのチームは存在するのか、誰のためにどんな問題を解決するのか、どのような貢献をするのかがはっきり示されている必要があります。目的がなければチームは存在しません。

●責任（Commitment）

メンバーがチームの目的を共有し、その達成のために結束する状況をつくることです。ジョブ型はメンバーの個性の発揮を促すものですが、個性の発揮だけではバラバラの集団に終わります。メンバーの行動のベクトルを揃えるために課長はリーダーシップを発揮しなければなりません。その前提としてコミュニケーションのスキルを訓練する必要があります。

●能力（Capability）

ジョブの達成に必要な知識・スキル・ノウハウ及び問題解決とチームワークの力です。スポーツや芸能の世界では日々の練習により技術を向上させます。ジョブ型雇用では自己研鑽により能力開発していくことが前提です。

2 作業の棚卸しをする

●無駄な作業を特定する

作業の棚卸しを行う目的は、ジョブの効率的な実行を阻害するタスクをなくすことです。事例を１つ紹介します。

ある企業で間接業務を削減するというプロジェクトに関与したときのことです。業務の25％を減らすために価値の低い作業を特定し、同時に価値はあっても非効率な作業は代替案を考えることになりました。会議体を必要なものだけ残し、時間も短縮するためのアイデアがどんどん出されました。

しかし、いったんやめると決めた事項が少し経つと元どおりの状態になっていました。これは、作業の削減と効率化が目的になり、そもそも何のための業務削減だったのか、その目的と着眼点が明確に設定されなかったことが原因でした。

ここから学べることは、作業の削減は何のために行うのか、つまり**「我々の果たすジョブは何か」「その達成のために時間と労力をかけるべき仕事のプロセスと作業は何か」が共有されていないとそれまでにやってきたことが無駄になる**ということです。

もう1つ、とても参考になるケースを紹介します。

元カルビー会長の松本晃氏が同社の業務改革を実践されたとき、「会社というものは放っておくと無駄な仕事ばかりやってしまう。そんなものを止めて必要な仕事に集中すれば短い時間で効率を上げられる。それが良い会社というものだ」と社員に伝えました。そのうえで会社の仕事を次の3つに分けて、年に2回業務の棚卸しをしたそうです。

●会社にとって良いことで現在実行しているもの（残す仕事）
●会社にとって良いことなのにできていないもの（すぐにはじめる仕事）

●すぐに止めたほうがよいもの（なくす仕事）

松本氏は「No Meeting, No memo（不要な会議、不要なメモはやめる）」など多くのわかりやすい標語をつくり、言葉の力でカルビーの経営改革を起こしたプロ経営者です。課長の役割を松本氏流に解釈すると、ジョブを実行するために必要な作業を絞り込むには次の3つの方法があります。

①自分とメンバーそれぞれについて、ジョブ達成の障害になる不要なタスクを洗い出す
②不要ではないが、多大な時間と労力がかかっているタスクも明らかにする
③こうして各自が洗い出したタスクについてメンバー全員が参加するミーティングで討議し、必要の是非を共有する。

ジョブ型が実践されている職場では、無駄な作業は排除し、付加価値が生まれる仕事に集中することで生産性を高めています。時間価値を尊重するので、無駄な時間外労働もほとんど発生しません。

日本の働き方改革において、これが目指すべき姿なのです。しかし、実際はデジタル技術の活用が自己目的になり、多くの企業が作業の機械化、電子化に取り組んでいますが、その前に作業の価値を見直し、不要なものを削減するという活動をしている企業は極めて少ないと思います。

●業務改革を進める

働き方改革が進み、徐々に時間外労働（残業）が減っている日本企業ですが、まだまだ残業が減らない企業もあります。

残業が多い企業は、例えば長時間の会議、会議や顧客に提出する資料作成などの見直しが進んでいない、つまり業務改革がなおざりになっていたりします。

働き方改革のための業務改革では、経営トップから推進の発信があると進みやすいですが、会社から指示がなくても自部署の働きやすさを改善するために課長が率先して業務改革を行います。

そのために自分が担当するチームに無駄な作業がないか、棚卸しをします。その際の着眼点には次のような項目があります。

- ●外部（顧客やパートナー）からの問い合わせへの対応
- ●不要な会議の削減
- ●過剰な量の資料作成の簡素化
- ●配付資料は印刷物からデータへ変換
- ●メンバー同士の作業進捗の共有、など

まずは、できるところから速やかにはじめるようにしましょう。

3 目標達成に必要なスキルを確認する

●ジョブ遂行のための課長の能力

課長が自分自身の役割を自覚し、メンバーが自律的に目標を共有してゴールに向かうチームを運営していくには、会社が用意した管理職研修に参加するだけではなく、課長自ら自発的にスキルアップ計画を立てて実践していくことです。

そこでまずは課長自身のジョブを実行するために必要な能力を洗い出します。タスクの実行は、

●知識とスキルの獲得

●経験による習熟

で効率を上げることができますが、ジョブの実行には、

●思考の仕方
●問題を発見する方法
●組織や人との関わり方

など自分のこれまでの仕事観を問い直すことが必要になります。

例えば、経営企画室で経営計画の策定に携わる課長であれば、会社を取り巻く社会環境の変化を予見するために、「情報収集と分析のスキル」と「大局的に物事を観察するスキル」の向上に注力します。そしてそのスキルを活かした事業分析と事業計画の策定の技術を磨きます。

これには世の中の変化を概括する「鷹の目」と細部の変化を見逃さない「蟻の目」の、森を見て木も見る視点が必要です。

営業本部で営業推進に携わる課長であれば、顧客や社会の抱える問題を発見するスキルの向上です。顧客の課題、世の中のニーズを見出すことが求められます。

それには、顧客が困っていることは何か、社会で問題になっていることは何かを念頭に置きながら、街に出て自分の目で確かめて、多くの人とディスカッションをし、そこから何かを感じる「直感力」を磨くトレーニングを続けることです。

また、社内関係者と協働し、顧客の問題を解決しなければなりません。顧客・メンバー・取引先など課長は常に人と関わり、人から何かを学び、周囲の人たちに何らかの影響を与え続けなければなりません。仕事はできても人間性に問題がある人は、その人なりのタスクをこなすだけであり、メンバーを共有目標に促すジョブに結びつけることはできません。メンバーや顧客や取引先など他者が喜ぶ結果を出すには、ＥＱ（心の知能指数）を磨くことです。

ＥＱを磨くといってもすぐに結果が出るような方法はありませんが、自分と他者の感情を知るように努めることが大事です。このことを日頃意識し、次のようなキーワードに着目した言動を心がけることです。

受容：他者を受け入れること
共感：他者の意見に耳を傾けること
謙虚：誰に対しても分け隔てなく接すること
平静：落ち着いた気持ちで他者と接すること
寛容：怒りを抑え、他者を許容すること
内省：自らの心の声に耳を傾けること

ＥＱは心の知能指数といっても、数値で表せるものではありません。大事なことは、人間性でメンバーが協力してくれる空気をチームに醸成することです。数値で表せないものの、「ゴールに向けてメンバーが自分（課長）に積極的に協力してくれるチーム体制になっている」といった定性目標を設定して、課長としてのＥＱ力を測ってみるのもいいでしょう。

●課長のジョブに共感してもらうために

コロナ禍により多くの業界では既存の事業だけでは企業が成長していくことが困難であることが露呈しました。これからの課長は現在担当する事業をマネジメントしながら、事業観や経営観に一層磨きをかけて自らプロジェクトを立ち上げていくことも役割になるということです。

このジョブには、チームをボトムアップで動かしていく力が求められます。新しいことをはじめるには、少なからずメンバーのなかに抵抗感が生じることがあります。そのネガティブな感情をポジティブに変え、メンバーのベクトルを１つにまとめるには権限ではなく、共感です。
メンバーに新規プロジェクトに共感してもらうためには、次の3点が絶対条件です。

①メンバーの動機を刺激する
②メンバーにとっての仕事の意味を伝える
③メンバーからの自発的な同意を得る

そのために必要なことは、ロジカルな説明だけではありません。65歳でケンタッキー・フライド・チキンを創業した実業家であるカーネル・サンダースの有名な言葉があります。

「人は論理によって説得され、感情と利害によって動く。」

このプロジェクトに参加することでメンバーにはどんな良いことがあるのか、それはメンバーのスキルの向上かもしれません。あるいは難題に挑むという使命感や好奇心の触発かもしれません。誰かの役に立ちたいというメンバーの動機の刺激かもしれません。いずれにしても、メンバーにとっての利益を考えることが必要です。

4 ジョブディスクリプションを運用する

●日本の業務分掌規程とジョブディスクリプションの違い

欧米企業では雇用の際に一般的に作成されているジョブディスクリプション（職務記述書）は多くの日本企業にとって馴染みがあるとはいえません。

日本の場合、ほとんどの企業に業務分掌規程が存在します。業務分掌規程は組織図を補完する部署の業務分担を示すものです。業務分掌規程はいわば部署間の縄張りを示すもので、職務記述書とは一見似ているようですが全く違います。一般的な例示の意味で企画職と営業職についての業務分掌規程を図表５に示します。

日本企業の典型的な業務分掌規程はジョブというよりも、タスクの記述に近いといえます。

図表5　業務分掌規程の例

[経営企画室　企画課]

◎中期経営計画に関する業務
- 中期経営計画の立案に関する事項
- 中期経営計画方針の示達に関する事項
- 中期経営計画方針の編成に関する事項
- 中期経営計画の示達に関する事項
- 中期経営計画の統制・管理に関する事項

◎年度事業予算に関する業務
- 年度事業予算編成方針の立案に関する事項
- 年度事業予算編成方針の示達に関する事項
- 年度事業予算編成方針の編成に関する事項
- 年度事業予算の示達に関する事項
- 年度事業予算の統制・管理に関する事項

◎組織・制度・業務の改善等に関する業務
- 組織・制度・業務に関する調査・研究及び報告に関する事項
- 組織・制度・業務に関する改善・合理化等の企画・推進及び調整に関する事項
- 組織・制度・業務の改善に関する部門間の調整に関する業務

◎新規事業の企画調整ならびに各種経営情報の収集・整理・分析に関する業務

◎経営会議の運営に関する業務

[営業本部　営業推進課]

◎事業所に対する営業推進に関する事項

◎事業所の予算実績管理・分析・指導に関する事項

◎事業所資産内容の分析・助言・指導に関する事項

◎事業所の業績評価に関する事項

◎事業所にかかわる総括的各種会議の企画・立案及び実施に関する事項

◎事業所の販売推進についての分析・助言・指導に関する事項

図表6　ジョブディスクリプションの例

[経営企画室　企画課]

職務の目的：成長を継続し、健全な収益をあげるための中期計画の策定

受益者(ユーザー)：最高経営責任者

成果責任（期待するパフォーマンス）：事業構造改革を実現するための行動計画の実行

- 社会・政治・マクロ経済動向のシナリオの策定
- 主要顧客の動向と変化に関する予測
- 関係する重要技術の進展に関する評価
- 既存事業のポテンシャルの評価
- ポテンシャルを持つ事業の成長計画の策定
- 新規事業獲得のためのM&A計画
- 必要な経営資源(ヒト・モノ・カネ)の調達計画
- 計画の進捗を測定するKPIの選択

[営業本部　営業推進課]

職務の目的：セールスプロモーションを通じた顧客への価値の創造

受益者(ユーザー)：各事業所

成果責任（期待するパフォーマンス）：セールスプロモーション計画の持続的な改善

- 顧客・市場の期待に関する探索を通じた問題の発見
- 同種事業におけるベストプラクティスの調査・研究による新たなアプローチの提案
- 事業所の理解と納得を得るためのコミュニケーション計画の策定と実行
- 問題解決のための社内関係部署からの協力の確保
- 各種プロモーション施策の投資対効果の分析
- セールスパーソンの顧客応対の支援
- 業務効率の分析と改善提案
- 計画の進捗を測定するKPIの選択

業務分掌規程には、「誰に対してどのような価値を提供し、貢献するのか」「そのためにどのような知識を使い、どのような問題を解決するのか」に関する記述はありません。

これをジョブディスクリプションにしたものが、図表6です。

このようなジョブディスクリプションができれば、前章で述べたジョブの価値の測定も行いやすくなります。業務分掌規程に書かれたタスクではジョブの価値の測定はできません。

●ジョブディスクリプションを共有する3つの理由

ジョブディスクリプションを上司や同僚、部下と共有するのは、次の3つの理由からです。

①ジョブは与えられるのではなく、主体的につくるため

かつて成果主義が個人のパフォーマンスに傾注しがちの問題が表出したとき、ジョブ

ディスクリプションは上司が作成し、部下に適用させる方式が取られていました。この弊害を避けるには、課長が自分のジョブを定義し、ボトムアップで上司をはじめとする関係者の同意を得るようにすることと、課長のジョブを部下にも知らせることが重要です。

このとき、部長など上長からのアドバイスを受けて修正することもありますが、基本的には会社全体のミッションやビジョンや大方針に沿ったうえで、本人の意志、思い、問題意識に従って自らつくります。

②定義した成果責任を１人で達成することは困難なため

通常、管理者の期待成果の守備範囲は上司、同僚、部下ともかさなるものです。その広い守備範囲を１人でやり切るにはそもそも無理があります。課長としてのジョブが正しく定義されれば、協力者の存在が必須条件になります。

トヨタ自動車には「横展《よこてん》」という言葉があります。横に展開するという意味です。難しい仕事を１人で成し遂げることはできないので、部署や部門を横断してジョブの達成に協力してくれる援軍をつくるということです。

③期待成果を果たす過程で助け合うチームワークを醸成していくため

チームとして付加価値を生み出していくには、相互の協力なくしては困難です。メンバーそれぞれのジョブをチームワークとしてまとめていくのは課長の重要な役割です。

私たちは放っておくと自分の役割や仕事に閉じこもりがちになります。特にジョブ型では一人ひとりの役割と仕事が定義されますので、ともすれば自分の範囲内の仕事さえしていればよいと捉えがちになります。これはジョブ型の誤った理解であり、タスク型の考え方です。本来的なジョブ型はチームの仕事をメンバーそれぞれに分担して結果を出していくものです。

よって、メンバーそれぞれがジョブを相互に伝え、共有することで組織の一体感を醸成しなければなりません。

●メンバーがジョブを定義する

メンバーのジョブの定義には、作業の指示ではなく、その作業をする目的と意義を伝えます。そのための具体的なステップは次のとおりです。

●課長自身のジョブディスクリプションを部下に共有する
●改めて課のジョブ、どんな問題を解決し、誰にどのような付加価値を提供するのか、課長の言葉でメンバーの全員が参加するミーティングで表明する。メンバー個別に伝えるのではなく、全員に一斉に伝える
●メンバーが集まり、各自が貢献したいことや役割の案をつくる（この場には同席しない）
●メンバーから提案のジョブについて、課長は課の全体視点から加筆修正を行う
●メンバーそれぞれにジョブディスクリプションの作成を依頼する
●最後にメンバー全員参加の会議で重複や漏れ、抜けがないことを確認する
●課のジョブとメンバーのジョブを確定する

メンバーがジョブを定義することは、部下が自らの責任を理解し、その達成にコミットし、責任を自発的に果たす環境づくりの出発点になる重要な取り組みです。

5 チームの目標管理を行う

●目標設定で大事なこと

自分自身とメンバーのジョブを定義したら、次のステップは目標の設定です。共有されたゴールに向けての目標設定において、次のことは絶対条件です。

●売上高や利益額、訪問件数などの数値目標だけではなく、自ら見つけた機会を実現する、あるいは脅威と感じた課題を解決するためのテーマが示されている

●その結果、誰（通常は顧客）にどのような価値、利益をもたらすことができるのかが示されている

良い目標を見つけるためには「誰のためにどんな仕事をすればいいのか」を自問することからはじめるとわかりやすいのですが、それには、

を考えると自ずとその答えが導き出せます。

●その顧客にどのように価値を提供するか

●顧客（社内顧客を含む）の定義

ヘルスケア業界での世界的な優秀企業のジョンソン・エンド・ジョンソンの企業理念「我が信条」は多くの企業が会社の存在意義やビジョンを問う際に参考にされているものとして知られています。そこでは、顧客、社員、地域社会、株主の順に果たすべき責任が示されています。最優先の顧客についての条文は次のとおりです。

「我々の第一の責任は、我々の製品およびサービスを使用してくれる患者、医師、看護師、そして母親、父親をはじめとする、すべての顧客に対するものであると確信する。顧客一人ひとりのニーズに応えるにあたり、我々の行なうすべての活動は質的に高い水準のものでなければならない。

我々は価値を提供し、製品原価を引き下げ、適正な価格を維持するよう常に努力しなければならない。顧客からの注文には迅速、かつ正確に応えなければならない。

我々のビジネスパートナーには、適正な利益をあげる機会を提供しなければならな

い。」（以上の条文は日本の同社ホームページより）

どのようなジョブであっても必ず顧客が存在します。顧客の役に立たないことであれば意味のある目標ではない、と考えるべきです。

●目標管理プロセスを計画する

チームの目標管理において重要なことは、目標を明確にすることでチーム全体のパフォーマンスを高めるということです。個々のメンバーがそれぞれの目標を達成することでチーム全体の目標が達成されることが確認されなければなりません。漏れがないことが重要です。また、同時に重複がないことも重要です。重複はリソースの無駄をもたらし、チームとしての効率を妨げます。目標管理のプロセスは、個々のメンバーとの個別面談とメンバー全員参加のミーティングの2つで構成されます。

個別面談は1 on 1ミーティングで課長とメンバーが計画を共有します。1 on 1ミーティングはメンバーのモチベーションマネジメントにもなりますが、目標及びKPI（重要業績評価指標）の確認のほか、障害や課題及びその影響度を共有し、解決策を共同で考える場にも活用します。

メンバー全員参加のミーティングではメンバーそれぞれの目標と達成プロセスが共有され、誰もが全体の行動が把握できる状態にします。そのとき、次のポイントに留意します。

- **目標達成に向けて「誰が」「いつ」「何を」「どのように」するかの活動が示されている**
- **メンバーがその活動の全体をよく理解し、そのなかで自分が果たす役割を認識している**
- **メンバーは自分の目標だけでなく、他のメンバーの目標を理解している**
- **個々のメンバーが自分の役割を果たしているかを管理するだけでなく、どこがボトルネック（制約条件）かを明らかにし、打ち手を想定する**
- **個々のメンバーは相互に協力し、全員が目標を達成するように考えて行動する**
- **プロセスは固定的なものでなく、常に改善・改良する**
- **課長はプロセスの責任者としてその運営を担う**

これらのポイントを踏まえて作成したのが図表７のチームとしての目標管理のプロセスを整理した概念図です。

図表7　チームとしての目標管理のプロセス

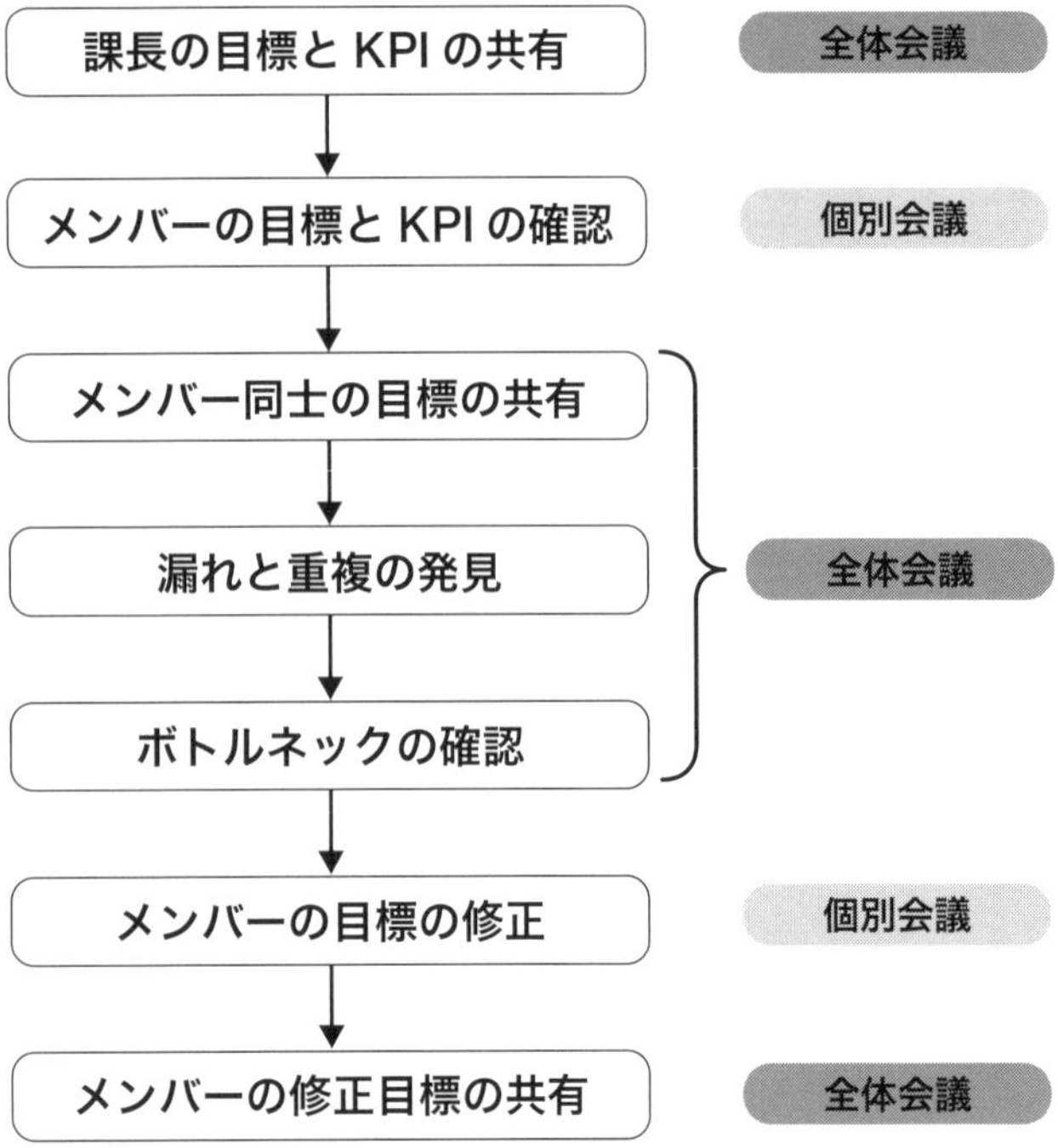

ＫＰＩを設定する

ＫＰＩ（Key Performance Indicator）とは重要業績評価指標のことであり、ジョブの成功を導く要因であるＫＦＳ（Key Factor for Success／重要成功要因）をできるかぎり数値化したものです。ＫＦＳが定まらなければＫＰＩは存在しません。

例えば、市場シェアを高めたい場合、シェアの構成要因の分析が必要です。シェアはターゲット顧客のカバレッジ（網羅率）と受注率のかけ算です。カバレッジは高いが、受注率が低いのであれば、ＫＦＳが受注率の側にある可能性が高いといえます。その場合、受注に関係する因子をさらに分解します。営業した顧客の状況、アプローチや会話の内容などを分析し、受注に影響する最も重要な成功要因を見極めます。そして、その成功要因を測定するための数値がＫＰＩになります。

なお、ＫＰＩの指標を設定するときに用いられるのが、目標設定の５つの指針の頭文字を取った「ＳＭＡＲＴモデル」です。

- Specific：具体的な
- Measurable：計測可能な

● Achievable：達成可能な
● Relevant：経営目標に関連した
● Time-bounded：期限を設定した

①Specific（具体的な）：議論の余地や解釈の余地がないほど目標が具体的に示され、誰もがはっきりと認識できるということです。例えば、「顧客満足度を高める」というのは具体的ではありません。これを具体化するには、顧客の定義と満足の定義が明示されていることが必要です。

②Measurable（計測可能な）：目標達成が数値により判断できるということです。顧客満足であれば、肯定回答の割合が示されているだけでなく、時系列の数字や顧客セグメントごとの数字が示されているなどです。

③Achievable（達成可能な）：目標達成には困難を伴うものの、実現不可能ではないということです。過去の事例や他社の取り組みなどを参考にしながら挑戦しがいのある目標を設定します。

④Relevant（経営目標に関連した）：会社のビジョンから大局的に見た目標であるとい

うことです。チームを山の頂上から見るような習慣を持つことで大局観が磨かれます。

⑤Time-bounded（期限を設定した）：目標達成までの期限をはっきりと決めることです。四半期など、最終の期限までの間に状況を測定し、対策を実行できる期限を設定し、マイルストーン（中間目標）にすることがポイントです。

ただし、ＫＦＳを定め、ＫＰＩを設定するためには、想像力・構想力・判断力における相当な訓練が求められます。フォーマットに記入すればよいというような単純なものではありません。第４章で説明する「問題解決の思考力」を参考にして、何がＫＰＩなのか、徹底的に考えてみることです。

ＫＰＩは目標管理の肝にあたるものです。チームメンバーがＫＰＩを共有し、それをどれだけ達成できているかを知っているチームはほぼ間違いなく成功します。

●業績を管理する

業績管理とは、立てた目標を何があっても、何をしても達成するということではありません。営業であれば、目標が達成できないとき、本来であれば来期に受注するべき案件をお客様に無理にお願いして今期の契約にしたり、卸や代理店にとりあえず商品を引き受けてもらい、在庫を移動するような行為は邪道ですし、ルールに厳格な会社であればコンプライアンス問題になります。

業績管理とは、業績目標を設定したときの前提条件の変化を確認し、ギャップがあれば、対策を考えることを意味します。この際の前提条件には2つの種類があります。

①**外的な環境**：経済の環境、競争の環境など売り上げに影響する要素に関する前提が変化しているのかどうかの検証を行います。

②**内部的な要因**：業績目標達成のための内部での投資、経費、人員、リソースに変化があったかどうかです。

これらに変化があれば目標を修正することになります。変化がないにもかかわらず目標達成が危うければ、達成を阻む理由を分析し、速やかに対策を考えます。

私が知るあるアメリカ企業の例です。四半期に一度、業績レビューの会議があります。資料はパワーポイント３枚です。１枚目には目標設定の前提となったビジネス環境の予測が記載されています。２枚目は業績を示す表やグラフです。３枚目は目標設定の前提になった経費、人員、リソースの計画です。

会議の焦点は１枚目と３枚目の資料です。それを見ながら、目標達成の理由、未達成の理由を議論し、課題と対策を明らかにします。

業績管理とは、業績そのものをマネージすることではなく、目標設定のロジックや予測能力の適切さや精度をテーマとして改善や改良をしていくプロセスであるといえます。

●野心的な目標の達成のためのＯＫＲ

シリコンバレー発の目標管理手法にＯＫＲがあります。Objectives and Key Results（目標とそのカギとなる成果指標）の頭文字を取って命名された手法です。

Objectivesは、野心的な目標のことで質的に表現されるものです。Key Resultsは、その目標達成に必要とされる重要な成果指標であり、前述したＫＰＩと同義です。成果指標は通常2つか3つ程度を設定し、数値で測定可能にします。

注目されたのは最近のことですが、インテルのCEOアンディ・グローブ氏がドラッカー氏の自主的目標管理の思想に共鳴し、活用しはじめたのは1970年代から1980年代のことです。その成果を知ったシリコンバレーのベンチャーキャピタリストが投資先企業に紹介し、グーグルやフェイスブックなどが導入したことで広く知られることとなりました。

OKRの特徴は、会社の経営理念やミッション、全社的な目標に対して自分は何をすべきかを自発的に考えるように促されるため、上意下達ではなく自律的な目標設定ができることにあります。個人の業績管理が狙いではなく、野心的な目標の実現に焦点が当てられるため、まさにイノベーションと成長をドライブするジョブ型の働き方に適した目標設定手法です。

困難な目的や目標を実現するために、例えば次のようなことが行われるようになります。

- **マネジャーとメンバーは年に数回の業績評価面談ではなく、プロセスの確認と調整をするための対話を頻繁に行う**
- **OKRの内容は全社的にオープンに共有される**

●個人の業績評価や報酬にダイレクトに結びつけない

実はドラッカー氏が提唱したＭＢＯはアンディ・グローブ氏によってＯＫＲと名称は変わりましたが、２０００年以降に活躍した新しい企業のなかで脈々と受け継がれているといえます。しかし、株主至上主義の時代、財務成果中心主義の時代に多くの欧米企業では経営者の目標を上意下達で組織に降ろしていく手段にＭＢＯが変質し、多くの日本企業はその変質したＭＢＯを導入してしまったという経緯があったのです。

第4章

チーム運営に必要なスキル

●ジョブ型と課長のスキル

本章で紹介するスキルは、ジョブ型雇用のもとでの基本的なものです。これまで国内外の多くの経営者やリーダーたちに会い、実際の体験、成功の記憶、失敗の反省を聞き、その人たちの考え方や行動の特徴から得た筆者の経験もここでは参考にしています。

また、基本ではあってても本書では触れないものがあります。それは、体力、気力、精神力や正直さ、誠実性、あるいは良い意味での野心や使命感といったことです。

働くうえで野心や使命感はとても大切です。しかし、本書のテーマとして敢えて触れませんでした。その理由は、これらの精神的な要素、人の動機に関わる要素は鍛錬するというよりも、日々の生活習慣や心がけから育まれると思うからです。

こうした要素は周囲から共感や信頼を得るうえで実務スキルと同等に重要です。しかしながら、一朝一夕に身につくものではありません。日々、「正しいことを正しく行う」ことで積み重ねるような息の長い取り組みです。

本章では、意識と行動によって開発可能なスキルに集中して紹介していきます。

1　リーダーシップ

リーダーシップとは何か

かつてリーダーシップはカリスマ性や権威でメンバーをリードすることだと解釈されがちでしたが、今日では、チームが共通のゴールに向けて進むように後方から支援するリーダーシップが重視されています。

リーダーシップを語るとき、よく引き合いに出されるのがマネジメントとの違いです。**マネジメントの主たる目的は、「効率」と「生産性の向上」**です。

一方の**リーダーシップは、「人々の意識や行動を変えること」**が主な目的になります。

この目的からすると、リーダーシップは地位や権限の力ではなく、個人の思い、ビジョン、行動の力で周囲の人々に影響を与え、行動を促す力のことです。

●リーダーシップを発揮してチームをつくる

このようにリーダーシップは「メンバーへの働く動機づけを行い、共通の目標のために**行動を促す力**」のことです。チームを運営していくための基盤になるのがリーダーシップということです。

まずは身近な人、部下、同僚、顧客や外部協力者に影響を与え、良いチームをつくることを考えてみてください。

第3章で述べたようにチームとは「異なる能力や経験を持つ多様な人々が明確な目的の達成のために一定の期間存在する状態」を意味します。

野球は9つの異なる役割を果たす選手が集まり、ゲームに勝つという明確な目的の実現のために結束します。サッカーは11人の、ラグビーは15人の異なる役割と能力を持つ選手が集まって結束し、勝利を目指します。スポーツにおける団体競技は基本的にチームです。

会社のなかで仕事をする私たちも多様な個性が集まり、目標を共有し、結束することで成果を生み出しますが、そのチームはリーダーの意志のもとでつくるものです。そして**高い成果を生み出すチームが「良いチーム」**です。

●良いチーム力を見える化する

ハーバード・ビジネス・スクールが「良いチームの特徴は何か」について大がかりな研究を行ったことがあります。１９７０年代から１９８０年代にかけての頃です。当時、多くの米国企業は元気な日本企業をはじめとした新興勢力の攻勢を受け業績が低迷したのは、組織の沈滞に主因があるからではないかとの仮説に基づく研究です。

そして彼らは、次に示す６つの指標でチームの活力を捉えることが有効であるという結論に達しました。

①柔軟性（Flexibility）：規則やルールがなく、常識や慣行に縛られることなく、自由に創意工夫できること
②責任（Responsibility）：自発的に責任を果たそうと考えること
③基準（Standard）：高い要求水準に挑み、妥協せず、改善・改良を続けること
④報酬（Reward）：金銭的な報酬を含む仕事のやりがいと満足感を持つこと
⑤方向の明確性（Clarity）：組織が目指す方向と自らの役割を共有していること
⑥チームの結束（Team Commitment）：バラバラに仕事をするのでなくチームとして

この6つの指標と業績には統計的な相関があり、業績の30％程度まではこの6つで説明できるというのが彼らの出した結論でした。それぞれについて詳しく見ていきましょう。

①**柔軟性**：チームの想像力の指標です。しきたりやルールに縛られず自由に新しいアイデアやアプローチを考える環境の高さを意味します。研究や開発、マーケティングなどの組織ではこの指標の高さは生命線になります。

一方、決められたことをきちんと行うことが重要な製造、品質管理、販売などの組織ではこの指標の重要度はやや下がります。

②**責任**：メンバーの自発性の指標です。上司から命令されなくても自らの責任を自覚し、自分の意志で責任を果たそうとする姿勢を意味します。求められる以上のことをやろうという気持ちです。メンバーが「元気」と「やる気」を持っている状況です。いわゆるモチベーションであり、自律性の指標となります。

③**基準**：チームが達成しようとする水準の高さです。高い顧客満足、高い効率と生産性を実現するために重要な指標です。「責任」が高くても「基準」が低ければ高いパフォー

マンスは上げられません。チームは目標がなければ存在しませんし、目標があっても達成が容易な目標では凡庸なチームです。優秀なチームほど、高い水準の目標の共有がなされています。

④**報酬**：チームメンバーが持つ報酬への満足感です。自分たちの貢献が認められ、その貢献にふさわしい報酬を得ているかの指標です。報酬には金銭以外に、やりがいや達成感などの精神的な満足感も含まれます。ジョブ型雇用では金銭的な報酬と同時に、精神的な報酬もモチベーションを上げるためには重要です。

⑤**方向の明確性**：チームの長期的な目標に対する共有感の高さを示す指標です。短期ではなく、長期的な目的とそれを実現するための方針やアプローチに関する理解の浸透度を意味します。課長は顧客起点・社会起点で問題を発見して解決し、貢献するという役割を担います。その達成にはメンバーや関係者の足並みを揃えることがカギになります。

⑥**チームの結束**：メンバーがチームの一員であることに対して感じる誇りや、チームの目標を協力して達成しようとする意志の強さを示す指標です。「方向の明確性」によって「チームの結束」は強くなります。

チーム活力の大切さに着眼することは重要な出発点ですが、改善機会を探るためには活力を見える化し、チーム力向上のための取り組みを行うことが不可欠です。

1990年代、欧米の大企業が新興企業の攻勢を受けて苦境に遭遇するなかで、様々な会社が第一線の現場の活力状況を調査しています。IBMはこうした調査を通して、製品・技術を販売する会社からソリューションサービス企業への転換を図りました。

図表8は日本の大企業のあるマネジャーの調査アウトプットのイメージをサンプルとして示したものです。特定の人物のものではありません。横軸は活力の6つの指標であり、縦軸は項目ごとの活力の強さを示したものです。50が平均です。

点線のグラフは「チームメンバーの期待」、実線は「チームメンバーによる現状の評価」を示しています。期待レベル（点線）が高く、現状の評価（実線）も高いケースが理想であり、ハイパフォーミングな組織であるといえます。

ジョブ型雇用を生かそうとする欧米企業の多くは、こうした調査を継続的に行い、ハイパフォーミングな状況を計画的につくる努力をしています。

図表８　あるリーダーのチーム活力調査の結果

高いチーム活力を開発するリーダーのスキル

柔軟性：　自由に考え、創造的に行動する
責　任：　自発的に責任を担い、挑戦する
基　準：　高い基準を目指し、改善・改良する
報　酬：　報酬、やりがいを感じる
方向の明確性：　組織の目標や自らの役割が明確である
チームの結束：　チームに協力し、メンバーを信頼する

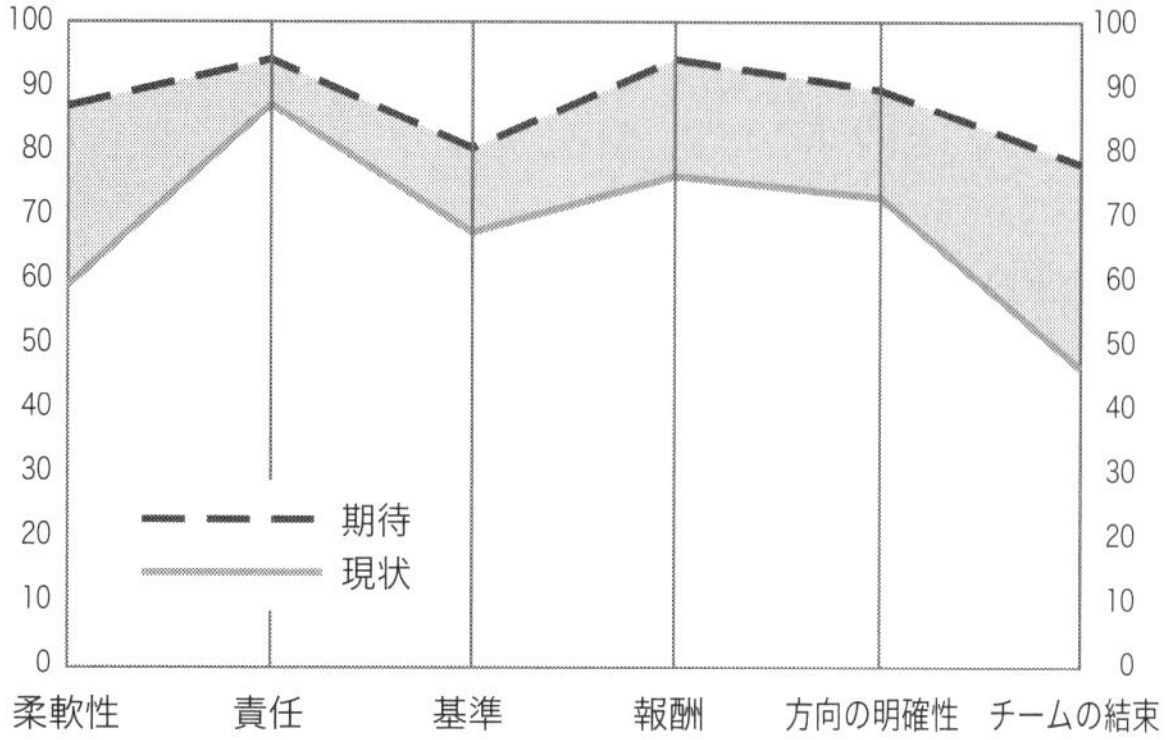

▶高いチーム活力を開発するリーダーの特徴
全体的にスコアが高いことが望ましい。短期的には「基準」の高さが重要。卓越した成果を生み出すカギになる指標だから。長期的には「方向の明確性」が重要。チームとしての最終目的を達成するためのカギになるため。

●リーダーシップスタイルを知る

企業業績に大きな影響を与えるチーム活力を高めるには、まずは自分のリーダーシップスタイルを知ることです。ここでは、その指標の1つであるヘイ・グループ（現コーン・フェリー）が開発した理論を紹介します。

これは、リーダーシップを6つに類型化し、チーム活力の6つの指標との相関関係を明らかにしたものです。

①**指示命令型**：「何を」「いつまでに」「どのようにするのか」に関して詳細で具体的な指示を行い、徹底して実行させる。部下の知識・経験・技能が乏しい場合や緊急事態においては必須のスタイル。ただし、このスタイルを続けると部下は指示待ちになるので注意が必要。

②**ビジョン型**：仕事の狙いや目的を伝える。何をするのかは部下に考えさせる。メッセージの内容と力によってメンバーが自発的に協力し、高い成果に挑む状態をつくり出すスタイル。リーダーの言葉の発信力がカギ。

③**関係重視型**：部下との人間関係を重視し、気配りを行う。コミュニケーションを大切

にする。チーム内における縦横斜めの人間関係を良好に保つことに積極的に取り組むスタイル。このスタイルに過度に傾斜すると居心地のよい内向きの家族集団になり、力のない組織になる可能性があることに注意が必要。

④**民主型**：部下の意見やアイデアを吸い上げる。チームの意思決定にメンバーを参加させ、貢献させようとするスタイル。多数決ではなく、メンバーのアイデアや意見を取りまとめて質の良い意思決定につなげる。そのためにリーダーは部下が意見をいいやすい雰囲気をつくり、良いアイデアはきちんと評価する。

⑤**率先型**：先頭に立って仕事に取り組む。仕事のやり方の手本を示す。メンバーが行動を逡巡するような難事にあって一歩踏み出し実例を示すことで、メンバーを行動に駆り立てるスタイル。ただし、部下の仕事にいつも手をつっこむことになると部下のやる気と成長を妨げるので注意が必要。

⑥**育成型**：仕事の成果を上げるために部下の成長を重視し、育成する。部下の成長に関心を持ち、部下育成への注力を惜しまず、人の成長によってチームの成果を上げようというスタイル。私の背中を見せるというだけでなく、優れた人の姿勢や行動を例示しながら気づきを与える。

図表9の6つのリーダーシップスタイルの調査結果から「高いチーム活力を開発するリーダー」の特性が見て取れます。

サンプルとしてのイメージ図ですが「ビジョン型」「関係重視型」「民主型」が90%ほどのスコアに対し、「指示命令型」「率先型」は30%程度と著しく低くなっています。「育成型」は70%超と比較的高いスコアです。

ここからわかることは、リーダーがメンバーに「とにかく頑張れ!」と叱咤激励するスタイルよりも、「私がサポートしながら君のスキルアップになるよう進めていこうか」とメンバーの協調性を引き出しながら成長も促すスタイルがチームとしての活力向上に効果的だということです。

このことをさらに裏づける資料が、図表10のマトリクス表です。このマトリクス表はヘイ・グループ(現コーン・フェリー)の調査から作成されたものです。この結果から、次のような傾向が読み取れます。

- **「指示命令型」「率先型」を継続させるとチーム活力の指標が低下する**
- **「ビジョン型」「関係重視型」「民主型」「育成型」はチーム活力の指標を高める**
- **「民主型」「関係重視型」が強すぎるとチーム活力の「基準」「方向の明確性」が下がる**

図表9　６つのリーダーシップスタイル

リーダーシップスタイル

指示命令型： 具体的に指示し、従わせる
ビジョン型： 目的、狙いを示す。理由を説く
関係重視型： コミュニケーションに努め、調和を図る
民主型： 意見やアイデアを取り入れる
率先型： 先頭に立つ。自ら手を下す
育成型： 成果を出すために人を育てる

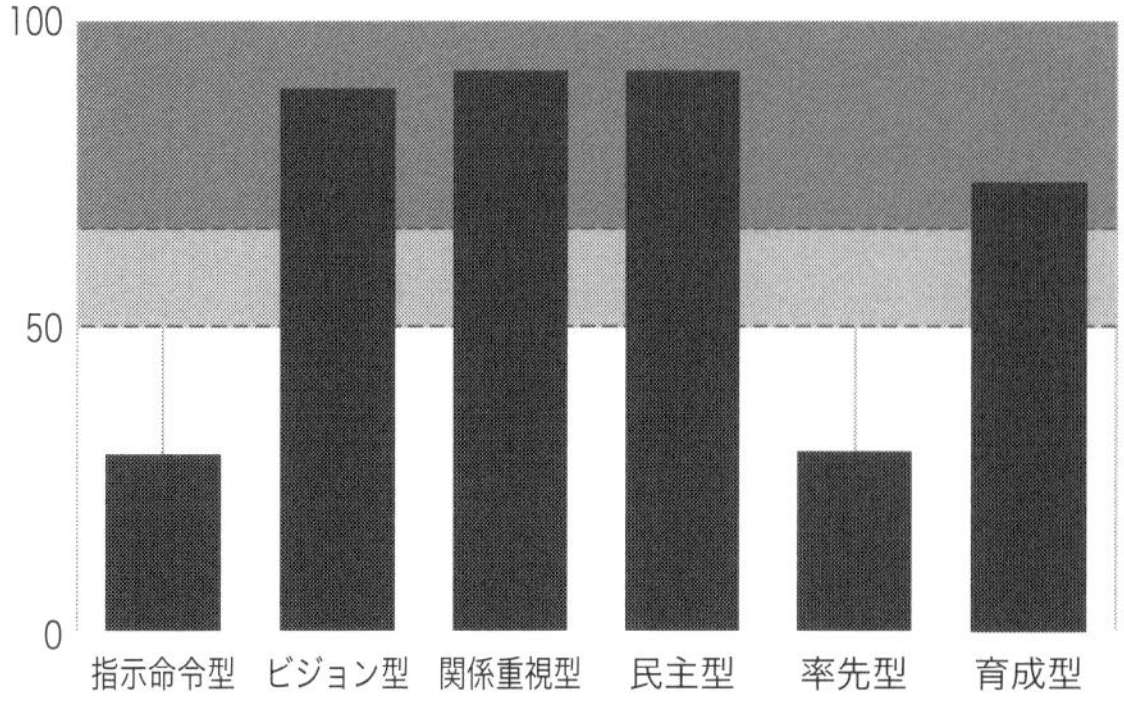

１つのスタイルではなく、複数のスタイルを併用することが望ましい。あまり細かい指示はしない。そのかわり、仕事の狙いや目的を伝える。部下が仕事をする環境や調和を気にかける、部下の意見を聞く、アイデアを取り入れる、そして容易ではないが、部下が育つスタイルをバランスよく発揮できることを心がける。

●「ビジョン型」が最もチーム活力を向上させる傾向がある

チームメンバーが働きやすく成果を出しやすいリーダーシップを模索するうえで、次のステップを踏んで、いまの組織に適したリーダーシップとは何かを考えてみてください。

ステップ1：いまの組織で重視したいチーム活力の指標を2つ選択する
ステップ2：そのチーム活力を向上させるリーダーシップスタイルを2つ選択する
ステップ3：リーダーシップスタイルについて、「リーダーシップスタイル質問表」（図表11）をもとに3段階の評価を依頼する
ステップ4：ステップ2で選択したリーダーシップスタイルとステップ3の評価結果を突き合わせる
ステップ5：メンバーとミーティングを行い、評価が低い指標について意見を出してもらい、組織にとって最適なリーダーシップのあり方を共有する

図表10　リーダーシップスタイルとチーム活力の関係

	チーム活力					
リーダーシップスタイル	柔軟性	責任	基準	報酬	方向の明確性	チームの結束
指示命令型	⬇	⬇	⇧	⬇	⬇	⬇
ビジョン型	⇩	⬆	⬆	⬆	⬆	⬆
関係調整型	⬆	⬆	⬇	⇧	⬇	⬆
民主型	⬆	⬆	⬇	⬇	⬇	⬆
率先型	⬇	⬇	⇧	⬇	⬇	⬇
育成型	⬆	⬆	⇩	⬆	⬆	⬆

・上向きの矢印：チーム活力の上昇傾向
・下向きの矢印：チーム活力の低下傾向
・矢印の濃淡　：濃い矢印はその傾向が強いことを示す

●「指示命令型」と「率先型」は部下よりも知識と経験を持つ管理者には容易なスタイル。そのため、このスタイルを多用する管理者は少なくない。その結果、部下は上司頼みになり、上司は孤軍奮闘する悪循環に入ることになる。

●他の４つのスタイルにはトレーニングと努力が必要だが、結果的にはチームの元気とやる気を高め、パフォーマンスを安定的に高めることができる。

図表11　リーダーシップスタイル質問表

	チーム活力	回答（例）
指示命令型	私の指示や指導が皆さんの束縛になっていることはない	A
ビジョン型	皆さんへの私の指示の狙いや目的はわかりやすく腹落ちしている	B
関係調整型	私は皆さんが人間関係で悩んでいるとき、寄り添って問題を解決している	C
民主型	私は皆さんの意見やアイデアを上手く活用している	C
率先型	私は皆さんに仕事を任せ、過度に介入することはない	A
育成型	私の助言やアドバイスは皆さんの成長に役立っている	C

上記の質問について、それぞれ、A•B•C（A:そのとおり、B: どちらともいえない、C：そうではない）の３段階評価を匿名で依頼し、自分のリーダーシップスタイルを判断する。

●健全なチーム活力をつくる

課長は「業績目標の達成」「部下の成長支援」とともに、「働きがいのあるチーム活力づくり」も大きな役割の1つです。

前節で述べたことの繰り返しになりますが、健全なチームには一般的に次の6つの特徴があります。

①仕事のやり方や進め方に自由度があり、メンバーが創意工夫している
②メンバーは指示に従って仕事をするのではなく、自発的に目標に挑んでいる
③その目標は安易なものではなく、挑戦度が高い
④メンバーは自らの貢献が皆から認知され、仕事にやりがいを感じている
⑤メンバーはチームが目指す方向をほぼ共有している
⑥メンバーはそのチームの一員であることに誇りを持ち、結束している

この6つの特徴を見て感じることがあります。それは、第3章で述べた本来のMBO、現在はOKRと呼ばれるツールが効果を発揮するための条件であるということです。このようなクリエイティブな職場環境やそれをつくり上げるリーダーシップがなければOKR

は無用の長物となり、作成のための作業時間とコストだけが増加する取り組みになってしまうでしょう。

こうしたチーム活力をつくるには、次のような点に留意してメンバーとコミュニケーションしていくことです。

- ビジョンを語っただけでは響かない。そのビジョンが自分たちにどのような意味があるのか、どんなメリットがあるのかを感じたとき、人は動く
- 論理的な説明は理解を促すが、論理だけでは人は動かない。心に感じ入る目標でなければ、自分からは動かない
- 具体的な指示は新人には役立つが、経験のある人には疎んじられる
- 具体的な指示を続けると部下は指示待ちになり、成長しない
- 任せたあとに放任すれば、部下は安易な方法を選びがちになる
- 部下との距離を近くするには、課長が自分の弱みを見せて自己開示する
- 率先垂範ばかり続けていると、部下は上司まかせになる
- 上司の成功体験による育成法は、部下からは指示・命令と受け取られることもある
- 1 on 1ミーティングは会社の制度だからとして行えば、部下は形式的に受け止める

●優しいだけの上司は、部下からは仕事はやりやすいが頼りない存在でしかない

●リーダーシップレベルを自己診断する

図表12のリーダーシップ力のレベル定義は、ヘイ・グループ（現コーン・フェリー）が優秀なリーダーの行動特性に関するグローバル規模での調査研究と筆者自身の知見から導き出したものです。メンバーの支援と同時にチームとして成果を出すための指標として活用できるものです。

図表12　チームリーダーシップの発展段階＊

レベル1	会議やワークショップの場で適切にファシリテーションを行い、合理的な結論に導いている
レベル2	会議の検討内容を参加者と共有し、どのような行動につながっているかを主体的に確認している
レベル3	チームが円滑に活動できるように環境を整え、チームの成果が高まるように工夫している
レベル4	チームの目標・目的の達成のために必要なリソース（人材、時間、資金、設備など）を確保でき、主体的に行動している
レベル5	リーダーとしての立場や責任をメンバーや関係者に伝え、役割の達成に覚悟を持って臨んでいる
レベル6	チームの課題や目指す方向性に関する自身の考えを持ち、人間性でメンバーを鼓舞している

＊ヘイ・グループの調査をもとに筆者の知見を加味して作成

これを使って、皆さんの課長としてのリーダーシップ力がどのレベルにあるかを客観的に把握してみてください。

それぞれのレベルについて簡単に説明します。

リーダーシップレベル１：会議の上手な運営術というよりも、ファシリテーターとしてメンバーの意見を引き出し、結論を促すことができるレベルです。このレベルでは、課長としての思いや考えを一方的に伝えることが、メンバーの発言を躊躇させるのだと自覚できています。

リーダーシップレベル２：会議が議事の共有で終わるのではなく、付加価値が生まれるためにテーマを周到に考え、その後の行動につながるように誘導できるレベルです。

リーダーシップレベル３：組織ルールの改善、働きやすいシフトや勤務形態、メンバー間のコミュニケーションの調整、効果的な会議体の運営などを創意工夫してストレスフリーの環境整備により、チームの生産性を継続的に向上させているレベルです。

リーダーシップレベル４：メンバーに予算や外部協力者などのリソースの補充や課外と

の連携を取り計らい、各人がベストパフォーマンスを発揮できるように日常的に支援しているレベルです。

リーダーシップレベル５：リーダーとしての自覚と覚悟を持ち、自分がなすべきことを自分の言葉でメンバーに浸透させることができているレベルです。自分よりも先にメンバーを尊重し、自分の成果のためではなく、チーム全体とメンバーが成果を出すことが課長の任務だとして活動している状態です。

リーダーシップレベル６：顧客起点や社会起点からいち早く問題を発見し、メンバーがその問題をチームとして解決すべきことだと理解できるよう、自らの言葉で説明できるレベルです。普段の言動が、メンバーの信頼に値するような人間力が備わっている状態です。

2 共感を生むコミュニケーション力

●共感がメンバーの士気を上げる

管理職の権限で部下を動かす時代ではなくなった現在、メンバーがチームのために自律的に行動するようになるには、課長への共鳴がカギになります。そのために必要なスキルが、コミュニケーション力です。

皆さんの職場に「残念な人」はいないでしょうか。残念な人とは、例えば頭脳は明晰、行動力もあって個人成績は優秀なのですが、人や組織を使って成果を出すことができないので大きな仕事は任せられない人のことです。残念な人の問題は、コミュニケーション力が決定的に欠けていることです。

ビジネスでは、議論や説明のためのスキルは必須です。それに加えて、対話のスキルが求められます。多様性が進むビジネス社会では、相手に理解を求める共感や共鳴が重視されるようになるからです。**対話による共感や共鳴は、一緒に働く人々のモチベーションを高めることにつながります。**

さらに、これからは企業を越えたコラボレーションが重視されますが、それには社外のネットワークづくりのスキルが問われます。

つまり、チームの目標達成を担う課長は、人と一緒に働くうえで欠かせない「コミュニケーション力」のレベルをいま以上に上げる必要があるということです。

ここからは、コミュニケーション力を高めるには何をどうすればよいか、そのポイントをいくつか紹介していきます。

●人に関心を抱く

課長は業績目標の達成のために部下の活動と成長をサポートしなければなりません。その出発点はメンバーをよく知ることです。メンバーの趣味や特性、個人情報上許される範囲での私的なことなど、仲間として関心があるから知りたいという気持ちで話を聞きます。

相手のことをもっと知りたいといった興味や関心がなければ話は長続きしません。相手からすれば、突然に対話を求められても、質問に対する受けこたえとなって終わるだけです。業績を上げてきたから課長になった。でも、部下には関心を示さないというのでは、課長のジョブを果たさないことになります。**プレイヤーとして業績だけを追うのではなく、メンバーの成長も両立させるのが管理職の仕事**です。メンバーが成長すれば、チームの仕事レベルも向上します。人に関心を抱くことは、組織を成長させることにつながるのです。

改めていいますが、人への関心がなければ、対話は成立しません。リモートワークが進むなか、これからは対面ではないコミュニケーションが多くなります。人が密集する職場という環境があれば、ある程度の対話は自然に行われます。オフィスに来れば、「おはようございます」という挨拶が自然に発せられます。

しかしリモートワークでは、課長は意識して対話の場をつくり、対話を深めるスキルが必須になります。それには、人への関心が重要だということです。

ここでいう「人に関心を持つ」とは、相手を好きになるとか、相手が喜ぶことを行うということではありません。課長としてメンバーに関心を持つとは、

●その人がどんなモチベーションで仕事をしているのか

- **その人は何に関心を寄せているのか**
- **その人は何に対してネガティブになるのか**

こうしたことを知ることから、その人の目標達成には何が必要か、成長のためにどんな支援をしなければならないかを考えることです。

メンバーの働く動機を知る

メンバーに関心を抱き支援していくうえで、ビジネス心理学の基本となる「**マクレランドの欲求理論**」が参考になります。これは人の働く動機について、ハーバード大学のビジネス心理学者デイビット・マクレランド教授が１９７０年代の研究結果から導き出した古典ともいうべき理論ですが、職場のメンバーの行動特性を知るうえで現在でも十分に通用する考え方です。

この理論では、人が働くうえでの４つの動機が示されています。

①達成動機：ものごとに真剣に取り組み、課題をきちんと達成しようとする動機

［達成動機が強い人の特徴］

●個人的な進歩に最大の関心があるため、何事も自分でやることを望む

●中程度のリスクを好む

●自分が行ったことの結果について迅速なフィードバックを欲しがる

②パワー（権力）動機：他の人たちに影響を及ぼすことを目指す動機

［パワー動機が強い人の特徴］

●責任を与えられることを楽しむ

●他者から働きかけられるよりも、他者をコントロール下に置き、影響力を行使しようとする

●競争心が強く、地位や身分を重視する状況を好む

●効率的な成果よりも、信望を得たり他者に影響力を行使することにこだわる

③親和動機：他の人たちとの肯定的で影響力を伴う相互関係の構築・維持・修復への意欲を持つ動機

［親和動機が強い人の特徴］

●人の役に立とうと努力する
●他者からよく見てもらいたい、好かれたいという願望が強い
●心理的な緊張状況には１人では耐えられなくなる傾向がある

④回避動機：物事を何らかの理由で回避しようとする動機

［回避動機が強い人の特徴］

●適切な目標をあえて避ける
●周りに合わせようとする

この４つの動機を参考にメンバーの行動特性を知ることで、その人と適度な距離感がつかめます。他者とのコミュニケーションで大事なことの１つが、「親しき仲にも礼儀あり」といわれるように、過度に相手の領域に立ち入らないようにすることです。

お節介を焼かれることが好きな人もいれば、そうでない人もいます。人の性格によって接し方を変えることは集団のなかでの課長の処世術でもあります。

COLUMN

行き過ぎた達成動機

ヘイ・グループ時代の元同僚メアリー・フォンテイン氏は2人のパートナーと共同で「やり手リーダーの暴走を防ぐ」という記事をハーバード・ビジネス・レビュー誌に寄稿しました。この記事の主張は、ビジネス目標の達成を至上とするリーダーは組織風土を破壊し、短期的な成果は上げても長期的な成果を生むことができずに自滅するというものです。

そして、不幸な破滅をもたらさないためにはリーダー自身が高い業績を上げたいとして行き過ぎた達成動機があれば改め、職場の士気を上げるためのリーダー自身のモチベーションのあり方について提言しました。

達成動機が強い人には、以下の言動が認められます。

●一度立てた目標は絶対であり、どんなことがあっても目標を下げることなどあってはならないと思う
●目標の達成が99％であったとき、悔しくて夜も眠れない
●部下が目標を達成するために細かい指示を出し、そのとおりに行動しているかを厳しく管理

する

●修羅場の経験が人を育てると信じている
●メンバーとの会議や面談の終わりにはいつも「頑張っていきましょう」と発破をかける
●高い目標に挑戦することは誰もが大きな喜びであると思っている
●部下を育てるためには率先垂範し、自分の背中を見せることが大切だと思っている
●成功事例を部下やメンバーに示して士気を鼓舞する
●営業組織の場合、営業成績のグラフをオフィスの壁に貼る
●営業組織の場合、成績優秀者を皆の前で称賛したり表彰する

達成動機が過剰になるとメンバーのストレスなど問題が生じやすくなりがちです。

上記の言動は挑戦意欲の高い人にはポジティブに働きますが、メンバーに強制するようになるとパワハラになります。

●説明力を磨く

説明力が問われる場といえば、まずは会議ではないでしょうか。提案や状況説明などがスマートに行えれば、「できる人」として周囲からの評価も高まります。存在感が発揮できる会議で上手に説明するスキルは課長ならずともどんどん磨いていきたいところです。

今後、リモート会議が多くなっていくなかで、これまで以上に効率的に説明する力が必須になってきます。あうんの呼吸やその場の空気を読みながら発言することは時間の制約などから少なくなり、伝えたいことを端的に簡潔に述べる技術が重視されるようになります。

そして端的に簡潔に説明する力を磨く手法のひとつに、「ピラミッドストラクチャー」があります（図表13）。これはマッキンゼーのコンサルタント、バーバラ・ミント氏が新人コンサルタントの報告書作成の技術を強化するために開発した論理的な説明手法であり、その要点は次のとおりです。

●報告書は「結論」から書きはじめる

●その次に結論に至った理由を述べる

図表13　ピラミッドストラクチャー

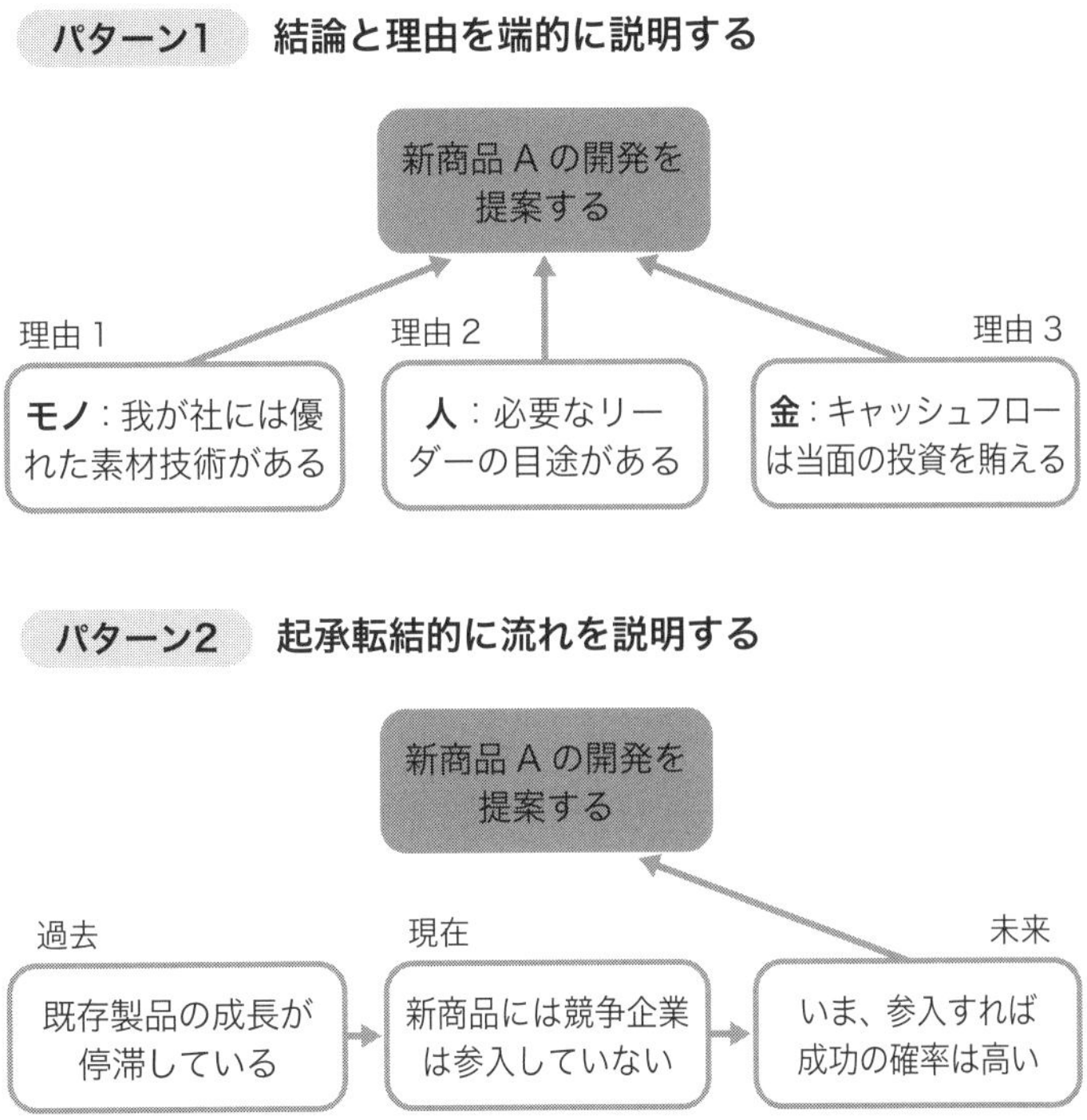
パターン1
結論と理由を端的に説明する
新商品Ａの開発を提案する
理由１
理由２
理由３
モノ：我が社には優れた素材技術がある
人：必要なリーダーの目途がある
金：キャッシュフローは当面の投資を賄える
パターン2
起承転結的に流れを説明する
新商品Ａの開発を提案する
過去
現在
未来
既存製品の成長が停滞している
新商品には競争企業は参入していない
いま、参入すれば成功の確率は高い

ピラミッドストラクチャーは1970年代、マッキンゼーのバーバラ・ミント氏が開発。世界の企業で活用が進む。日本には1990年代に本格的に紹介される。

- 理由は3つに絞る
- さらに詳細な説明をする場合は、3つの理由それぞれをさらに3つに分解する
- このプロセスによる報告は結論を頂点にしたピラミッド型にまとめる

私もマッキンゼーのニューヨーク事務所に配属されたとき、この研修をミント女史から直接受けました。

そのときの研修では彼女がはじめに「これからあるものの一部を切り取った写真をお見せしますが、これは一体何の部分写真でしょうか？」といいながら、プロジェクターに数点の写真を順番に投影していきます。

参加者は皆なんだろうと思いながらその写真を見ているのですが、皆目見当がつかないところで最後に答えの自転車の全体写真を見せました。

背景説明などから入って結論に至る、ダメなプレゼンの典型を理解させるためのパフォーマンスでした。

●対話力を磨く

テレワークがどんどん進んで対面での会話や雑談ができなくなると、セレンディピティ（偶然からの発見、思わぬ気づき）の機会が減ってしまうと危惧する人がいます。

セレンディピティは18世紀の英国で書かれた童話『セレンディップの３人の王子』で使われた造語です。これは、セイロン島（現在のスリランカ）の王子が航海中に偶然宝物を発見する話です。

日本では、島津製作所の田中耕一氏がノーベル化学賞を受賞した翌年の２００３年に刊行した著書『生涯最高の失敗』（朝日新聞社）のなかで研究過程において実験のためのある作業のミスから思いも寄らない偶然の大発見が起こったエピソードを紹介し、このことがセレンディピティという言葉で広まったのが最初のようです。同書では、明確な目的に沿った論理的な議論だけからは新発見は生まれず、何気ない会話や意見の交換から思いも寄らない発想がひらめくとの趣旨が述べられています。

雑談では明確な目的やテーマがあるわけでもなく、よもやま話で終わることもあります。しかし、その話のなかから自分が気づかなかったことが発見できたり、人と話をしているうちにイマジネーションが広がり、思わぬことが突然ひらめいたりします。雑談からのセレンディピティというわけです。飲み会などで面白い発想が生まれたり、気軽な感じのブレストから思いも寄らないアイデアが飛び出すのも、気兼ねのない雰囲気の効果です。

これまでの私のビジネス経験からいえるのですが、対話を好む人ほどユニークなアイデアが多く、成果も出しています。

対話力も説明力同様、ビジネスパーソンが是非とも磨いてほしいスキルですが、特に部下育成のうえで課長にとっては大変重要なスキルとなってきています。それというのも、上司と部下の意思疎通を図る1 on 1ミーティングを導入する会社が急増してきているからです。

1 on 1は月に1回や半月に1回程度、上司と部下が対話を通して、「部下のやる気を引き出すマネジメント法」として即効性があることは多くの人が認めるところです。

この手法を実践するには、上司の対話力がカギを握ります。いかに部下に寄り添って問いかけるか、そしていかに上手な聞き役に徹するかがポイントです。これがうまく機能し出すと、次のような効果が期待できます。

●プライベートな相互理解

- 心身の健康のチェック
- モチベーションの向上
- 上司や同僚への不満の解消
- ハラスメントの回避
- 業務や組織の問題解決
- 目標の設定や評価
- 能力の開発やキャリアの開発
- 会社の方針の伝達

ただし1 on 1は上司と部下の公式な対話の場として見られがちですので、運用の仕方を誤れば、ただの面談になりかねないことと、セレンディピティの発見という点では雑談には及ばないかもしれません。

本来的な1 on 1は、目標達成のための課題へのアプローチを相談する場として、必要に応じて部下の業務プロセスを共に考える場として機能するのがいいのですが、その場合でも課長の対話力が重視されることには変わりはありません。

●聴く力を磨く

コミュニケーションは自分の意見や考えを一方的に伝えるのではなく、相手がそれを受け止め、理解し、納得することが肝要です。

成功哲学の世界的ロングセラー書『7つの習慣』（邦訳：キングベアー出版）の著者スティーブン・コヴィー博士は公的成功を収めるには「まず理解に徹し、そして理解される」ことを第5の習慣に挙げています。同書は、古今東西世界の偉人から市井の人まで幅広くそして深く研究し、膨大なデータから得られた教訓から個人・家庭・会社・人生のすべてにおける成功の原則を説いたものです。

対人理解力を磨くには相手をよく知ることですが、それには相手の話すことをよく聴く、つまり聴く力を意識することです。

『7つの習慣』でも対人理解では話すより聞くことからはじめることをポイントにしています。そして、対人理解力が弱い人の「5つの聞き下手スタイル」を挙げています。

1　上の空で聞く

2　聞いている振りをする

３　選択的に聞く

４　言葉だけ聞く

５　自己中心的に聞く

そのうえでコヴィー博士は、言葉以上に相手の仕草や声を感じ取ることが相手を理解することの90％以上を占めるとしています。

こうした習慣を身につけるには、誰に対しても謙虚でいることです。リーダーシップ研究の世界的権威でマサチューセッツ工科大学のエドガー・シャイン名誉教授が共著書『謙虚なリーダーシップ』（野津智子訳、英治出版）で述べているとおり、「個人としての全人格を認め合う関係」や「親密さと愛着、友情、愛情」を抱く人間関係の構築にはリーダーの謙虚な姿勢が大事になります。

COLUMN

デール・カーネギーに学ぶ

米国の自己啓発書作家デール・カーネギーの『人を動かす』（山口博訳、創元社）は1937年の初版以来、現在も読み継がれている人間関係についての古典です。

その主張は、「最初から人を動かすことは考えてはならない。その前に相手に関心を抱き、相手を好きになること。そうすれば、人に好かれるようになり、人は動いてくれる」というものです。

人と良い関係を築くには、この順番が大切であることをカーネギーは自身の経験から伝えています。

同書は4部構成であり、各部ごとに具体的な対人コミュニケーションの基本原則を解説しています（図表14参照）。

カーネギーの成功の真髄は『人を動かす』ためには人に好かれなければならない」という、極めてシンプルな原則にあります。

メンバーや顧客から信頼を得るには、まずは相手から好かれるには何が必要かを自らに問うことです。

図表14 『人を動かす』目次

第１部　人を動かす３原則
盗人にも五分の理を認める
重要観を持たせる
人の立場に身を置く

第２部　人に好かれる６原則
誠実な関心を寄せる
笑顔を忘れない
名前を覚える
聞き手にまわる
関心のありかを見抜く
心からほめる

第３部　人を説得する 12 原則
議論を避ける
誤りを指摘しない
誤りを認める
穏やかに話す
“YES” と答えられる問題を選ぶ
しゃべらせる
思いつかせる
人の身になる
同情を寄せる
美しい心情に呼びかける
演出を考える
対抗意識を刺激する

第４部　人を変える９原則
まずほめる
遠回しに注意を与える
自分のあやまちを話す
命令をしない
顔をつぶさない
わずかなことでもほめる
期待をかける
激励する
喜んで協力させる

●コーチングを学ぶ

コーチングのコーチ（coach）は馬車という意味ですので、目標達成にいざなう支援者というニュアンスが含まれています。

私自身もコーチングを受けた経験がありますが、対話の力と聞く力はコーチングのエッセンスだと実感しました。コーチングを受けた当初、私にとってどう役立つのかがわからないのでコーチ役の人に訊いたところ、「人は自分のことがわかっていないものです。わかっていれば、この弱みを克服したい、と伝えられますが、それがわからないからコーチと対話するのです」という答えでした。

つまり、コーチングの効果はまず自分を知るということです。そして、コーチとの対話を通じて一緒に問題を探り、その問題に対して何をするかに気づくということです。相手は自分のことを深く知ることで、自律的な行動が促されるのです。自分でも気づかない隠れた力を見つける支援はメンバーの成長にとって、とても重要な課長の仕事です。

ファシリテーション力を磨く

チーム内でのアイデア出し手法としてよく知られるブレインストーミング（ブレスト）は米国広告業界で活躍したアレックス・オズボーンが提唱しました。その実施ポイントは次の4点です。

①ブレスト中に結論を出さない
②粗野な考えを歓迎する（自由奔放）
③量を重視する
④アイデアを結合し、発展させる

参加者がお互いに思いつくことを素直に吐き出すブレストの良いところは、同じような価値観や考えではなく、異なる意見や多様な意見が飛び交うことです。ここから偶然（セレンディピティ）の発見があったり、1人では発想できない思いも寄らないアイデアが生まれます。

ブレストが有意義な場になるか否かは、進行役であるファシリテーターの盛り上げ方次第です。チーム内でブレストをする場合、課長がファシリテーターとなってメンバーの意見を引き出す役を担当するのがいいでしょう。課長がメンバーと同じ土俵に立つと上司である課長に遠慮する人もいたりするからです。このとき、メンバーを誘導することなく、自然に発言できるような場づくりをします。

ここで出た意見はホワイトボードに書き出したり、1枚のカードに1つの意見を書いて大きな紙の上でグルーピングして整理する「KJ法」によって見える化するとアイデアの全体像がわかりやすくなります。

「KJ法」とは、ランダムに課題を抽出し、テーマごとに分類・整理する手法のことで文化人類学者の川喜田二郎氏により開発されました。与えられたテーマについて思いついたことをカード型のふせんなどに書き記して、机に広げたりホワイトボードなどに貼り付けます。その後、似たカテゴリー同士をグルーピングすることで本質的な課題があぶり出されてきます。ひとりでも行えますし、職場単位で行えばブレインストーミングのツールに使えます。

●ネットワーキング力を磨く

ネットワーキングとは人脈のことです。まず、社内での活動からはじめましょう。部署の目標はそのなかだけで達成できるものではなく、他の部署との協力が必須です。まして、ジョブ型における課長は中核管理職として顧客起点での問題解決とボトムアップのイノベーションを牽引していく役目なので、社内コラボレーションの土台になるネットワークの拡大は必須です。

ある企業でヒット商品を多く開発してきた評価の高い技術者の話です。

彼によると、「これまでの自分の商品開発には1つの法則がある。問題に突き当たれば、解決のヒントは他者との雑談から発見すること、それが私の開発の法則だった。そのために自分はいつも社内をぶらぶらし、誰かを見つけると自分の課題や悩みについて雑談することを心がけていた」ということです。

これにより飲み会などに参加しなくても、自分が欲しい情報が予期せぬ形で寄せられるようになったそうです。

これと似た話をある消費財メーカーの技術者から聞いたことがあります。同社のヒット商品のアイデアは自部門他部門にかかわらず、何げない会話から生まれることが多いそうです。そのために異なる部署の人たちが交流できるオフィスレイアウトにしているそうです。

このようなケースで明らかなように、**人脈づくりの基本は問題意識や探求するテーマを常に持ち、それを材料にした雑談**です。

社外人脈をつくるうえでも同じです。自分の担当業務について問題意識や解決したいテーマを常に持ち、それを材料に色々な人たちと雑談する機会を自分でつくることです。ここで注意すべきことがあります。ネットワーキングが自己目的になることは意味がありません。いわゆる社交好きで知り合いはたくさんいるのに、役に立つネットワークが存在しない、というケースもあります。出発点は問題意識であり、その解決のためのネットワークであることを忘れてはいけません。

3 問題解決のための思考力

●問題解決のための3つの思考スキル

ジョブ型での仕事は指示待ちではなく、自分の職務について課題を発見し、解決策を上司に伝えてすぐに実行することが基本です。それには、業務上何か問題がないかを常に考える習慣をし、次の３つの思考力を磨くことです。

- **●情報探究力：目標達成に必要な情報を広く・深く・速く集める能力**
- **●分析思考力：気づきにくい小さな現象を発見する能力（「気づく力」「問題発見力」）**
- **●概念思考力：俯瞰的に物事を観察し、全体感から本質を見抜く能力**

情報探究力は、問題解決の出発点ともいえます。インターネットを使えば膨大な量の情報を瞬時にして集めることができます。ただ、検索情報に頼るだけでなく、信頼のおける情報源を多く持つことも重要です。

とりわけ重要なのは、人から直接聞き出す情報です。ネットや記事などの情報は「二次情報」といわれますが、人から直接得る情報は「一次情報」です。一次情報源をいかに多く持つかが情報探究力のレベルを上げます。

そして、集めた情報を取捨選択して使える情報に整理し、そこから何が読み取れるのかを類推します。このときに活用するのが、分析思考力です。

分析思考力を磨くには、「何のために分析しているのか?」と分析する目的を常に考えることです。そして定量的に分析するならグラフに加工したり、似たもの同士の情報をグループ分けして比較したりして、分析する情報に意味を持たせます。

分析した情報をもとに解決策を考えるためには、概念思考力を活用します。コンサルティングでの問題解決の場面でよく出るフレーズに「So What?」があります。つまり、「状況はわかった。ではどうするのだ?」ということですが、「So What?」を口癖のようにしていると概念思考力が鍛えられます。

概念思考力は「コンセプト思考力」ともいいます。コンセプトの名詞形 conception は

「概念」「良い着想」「考案されたもの」のほかに「妊娠」という意味があります。新たな命の誕生ということですね。

良い情報を集め、目的をはっきりさせて分析し、そこから課題解決の糸口を発見すること、これが問題解決の基本的な流れです。

情報探究力を磨く

情報探究とは、仕事に関係する重要な情報を直感的に見つけ、その本質を探り、その意味合いを想像する感覚のことをすることです。このスキルは次ページの図表15に示した５つのレベルで説明できます。情報探究力が強い人に見られる特徴が、「**良い質問**」をすることです。

情報探究力はレベル１からレベル５になるに従い高度化していきますが、どのレベルにおいても共通するのが、「いま自分の仕事に使える情報は何か」という情報感度です。情報感度を高めるには、いまの自分の課題を言葉にしておくことです。

例えば、顧客の課題が「競合Ａ社による市場侵食」だとすると、そのことを常に意識しておくと、「Ａ社」というキーワードを見たり聞いたりすると敏感に反応するようになります。

図表15　**情報探求力の発展段階***

レベル1	会議や講演会で疑問があれば、すぐに手を挙げ、質問する習慣がある。わからないこと、不明確なことをそのままにせず、確かめようとする。
レベル2	質問をして得た答えを鵜呑みにせず、その答えが本当に正しいかどうかを文献やネットなどで調べて検証する習慣がある。
レベル3	調べた情報から派生して、関連する情報を収集・分析してストックを増やしていく習慣がある。
レベル4	新しい情報をサーチし、何を知らないのかを知ろうとするメタ思考*で情報収集する習慣がある。興味のあるテーマは調査で深掘りする行動力がある。
レベル5	仕事に有益な情報が自動的に入る仕組みを構築している。何かを調べようとしたときに、協力者のネットワークがすぐに活用できる。

＊ヘイ・グループ（現コーン・フェリー）の調査をもとに筆者の知見を加味して作成
＊メタ思考：メタとは上位概念という意。メタ思考とは、物事を俯瞰的に見て考える思考のこと。

COLUMN

私の情報収集の習慣

私は外資系企業に長く在籍しているため、日本企業に勤務する方とは少し違った情報収集の傾向があると自覚しています。それでも、日々変わる社会環境に順応していくために、様々な情報に触れる習慣を大切にしています。情報収集は私のルーティンといえるかもしれません。

ここでは参考までに、私が情報収集するうえで注力している５つのことを紹介します。

①読書（多読）

毎週10冊ほどを書店で購入し、週末の午前中に一気に読みはじめます。１冊あたり数十分で読むのですが、要点を拾うような読み飛ばし読書です。主に社会科学系と自然科学系の本をよく読みます。

ビジネス系では情報収集の達人の著書をフォローしています。私のマッキンゼー時代の上司、大前研一氏の著書はすべて読破していますが、ビジネスに役立つ情報の多くを彼の著書から得ることができました。

②海外情報の入手

グローバル化の時代、海外で起きていることはいずれ日本にも影響を及ぼします。しかし、日本の新聞や経済誌は海外の情報に乏しいので、「ウォール・ストリート・ジャーナル」や「フィナンシャル・タイムズ」などの新聞、「ブルームバーグ・ビジネスウィーク」などの週刊誌などが最も参考になるのですが、「ニューズ・ウィーク日本版」なら言葉の負担なく情報収集ができます。同誌は世界の経済・政治・ハイテクから映画・音楽・娯楽まで最新の情報がコンパクトにまとまっています。

またNHK BS1の早朝5時からの「ワールドニュース」も良い情報源として活用しています。

③ビジネスを超えた世界の森羅万象に関する情報収集

コロナ禍が示したように、これからは経済やビジネスだけを優先する活動は成り立たなくなります。ビジネスは株主への貢献を優先するのではなく、社会や自然など地球に貢献するものでなければ存在を許されなくなります。こうしたことへの気づきとして私が購読しているのが「ナショナル・ジオグラフィック日本版」と「サイエンティフィック・アメリカン」の日本版である「日経サイエンス」です。

④オフィスを出て街を歩く

本や雑誌などからはわからない小さな変化や新しい動きは自分の足で集めるようにしています。何か変化を感じたら、その分野の専門家に直接聞くようにしています。

ＩＢＭには創業期から「ＴＨＩＮＫ」という企業文化が根づいているそうです。常に考えることが社員と会社の成長に必要なことを端的に表したＩＢＭの標語が「ＴＨＩＮＫ」です。「ＴＨＩＮＫ」に至るには5つのステップがあるとしています。

ステップ１：Read（本を読む）
ステップ２：Listen（人の話を聞く）
ステップ３：Discuss（周囲と議論する）
ステップ４：Observe（自分の眼で観察する）
ステップ５：Think（考える）

情報収集は考えるためのステップであることを「ＴＨＩＮＫ」は教えてくれています。考えることに幅を持たせ深く洞察するには、自分の目で世の中の動きを観察することが大切だと私は悟りました。

それ以来、時間があれば外に出て、世の中の動きをじかに感じ取るようにしています。

⑤異業種の人脈をつくる

自分とは違った知見を持つ人たちとの出会いを多くつくり、その人たちと意見を交わす場を持つことは多様な考え方をするためにとても重要だと実感しています。

私はコンサルタントという職業柄、様々な職種や国籍、年齢の人たちとの交流が多いのですが、メーカーの常識が小売りの人たちには理解できなかったり、あるいはその逆であったり、国によってビジネス習慣が違ったりなどの場面に遭遇することで、多様な考え方を自然に受け入れるようになりました。これは、私の思考の幅を広げるうえで大いに役立ちました。

分析思考力を磨く

収集した情報を仕分けし、意味を持つように整理するための分析思考力にもレベルがあります（図表16参照）。

分析思考力を磨くには、「何のために分析を行うのか？」という目的意識をはっきり持つことです。分析には、財務分析や市場分析など様々な切り口がありますが、ビジネスにおける分析は「次は何をすればいいのか？」、つまりアクションを起こすための結果を導くために行う活動です。

ベンチマークする優秀企業の経営分析なら、品目別売り上げやコスト構造、マーケティング戦略など要素ごとに情報収集し時系列の推移を見るなどして、自社との違いを比べます。ここから、自社が打つべき次の手を具体化するためには、「何を目的として分析を行うのか」ということを明確にしておかなくてはなりません。

ただ情報やデータを集めて整理するのではなく、アクションに結びつく結果を出すとの意志を持って、分析作業を行うようにするということです。

図表16　分析思考力の発展段階*

レベル1	情報を一定のルールに従って分類して整理する能力。例えば、男性と女性、20代と30代、製造業とサービス業など情報の構成要素を分類するための読解力といえるもの。
レベル2	分類して整理した情報のモレやダブリを確認し、情報の要素間の関係に意味を見つける能力。「男性」と「女性」に分けたらさらに「既婚者」と「未婚者」に分けて、「男性の既婚者」「男性の未婚者」「女性の既婚者」「女性の未婚者」というように細分化したグループ分類ができる読解力。
レベル3	単純な相関関係からの分類だけでなく、一見関係しないような事象の連鎖を発見する能力。「男性の未婚者」が増加している背景には若年層の平均賃金が過去10年据え置かれたことがあるなど、様々な情報と紐づけて事象が起きた真因を読み解く力。多変量解析を扱える能力。
レベル4	分析結果を科学的な予測やシミュレーションに活用できる能力。「未婚者」が増加することが日本経済にどのような影響を及ぼし、自組織にどのように影響するのかを類推し、どのような対策を事前準備するべきかをシミュレーションできる力。

＊ヘイ・グループ（現コーン・フェリー）の調査をもとに筆者の知見を加味して作成

概念思考力を磨く

概念思考力とは分析思考力とは逆の思考の流れです。分解ではなく、組み合わせです。**ばらばらになった要素を様々な形でつなぎ合わせ、抽象化し、1つの思想にまとめ上げる思考の力**を意味します。木を見ることが分析思考であるのに対し、概念思考は森を見る思考です。意見が様々に出尽くした後に「要するに一言でいうと、……」という発言をして議論の本質を一言でいい切ることができる能力、多種多様な要素を１つのスローガンに集約できる能力のことです。

かつての画一的なビジネス社会から多様な働き方や個性豊かなチームメンバーとともに成果を出すビジネス環境に変わっていく今後、課長はこれまで以上に概念思考力を意識しなければなりません。前述したように「概念」に相当する英語のconceptionは「妊娠」という意味、つまり生命の誕生に関係する言葉です。概念思考力を磨くということは、ビジネスの本質を見抜く力をもって、これからのビジネスを発想力豊かに育て上げていくことにつなげるために必要なことです。

概念思考力には、５つのレベルがあります（図表17参照）。

図表17　概念思考力の発展段階*

レベル1	物事の是非や可否を判断するとき、規範やルールに当てはめて行う。近視眼的になることを避け、少し離れたところから俯瞰して客観的に判断する姿勢を持つ。
レベル2	雑多な情報のなかから意味のある対象を見出す「パターン認識」や、世の中の動きから一定の傾向を見つける「トレンド認識」を行う。1つの事象だけでは判断せず、常に複数の事象から全体の流れを俯瞰し、そこから読み取れる事実を把握しようとする。
レベル3	物事を理論や原則から証明するためにケーススタディと照らし合わせて現実を理解する。目の前に起きている現実を直視し、過去に起きたケースから問題解決の糸口を見出す。
レベル4	高い教養に基づき、現在起きている現象から今後を推測し、自らの言葉で今後行動すべきことを説明できる。
レベル5	全体観から自らビジョンを提唱し、新たなビジネスを構想する。世の中の流れを的確につかみ、自らの経験と多くのケーススタディをもとに新事業を構想する。

＊ヘイ・グループ（現コーン・フェリー）の調査をもとに筆者の知見を加味して作成

細部を見る分析思考力と全体を見る概念思考力を磨くことで、具体論に強く、抽象的な議論もできるようになります。また、現状分析に基づいて帰納法的に考えると同時に、あるべき姿をはっきりイメージすることから演繹的にも考える癖が身につきます。これにより、普通では気づきにくい機会や脅威を早く見つけることができるようになります。

概念思考力レベル１と２は、地頭力が高ければ経験知だけでも対応できます。また、レベル３はビジネス理論やフレームワークを学ぶことで一定レベルには到達できます。ただし、レベル４以上では意識してトレーニングする必要があります。そのための習慣が次の３つです。

①**文章を書く習慣**：全体観を示すにはストーリーを描いて文章化することです。情報を集めて分析し、そこから得られた自分なりの考えを文書１枚にまとめることで、重要なエッセンスを導く流れがわかり、本質を伝える力も鍛えられます。

ここで大事なことは、パワーポイントではなくワードで作成することです。パワーポイントだと要点を絞って見える化するには適していますが、思考の流れを伝えるには不向きです。

②**資料を見ずに伝える習慣**：社内会議での発言や顧客との会話のときに資料を見ずに行

うと、自分の考えを伝える力が鍛えられます。これは、資料を見ないことでまず結論を示したうえで要点をその後に続ける伝え方の流れが自然と生まれ、全体観から話ができるようにもなるからです。

③一点集中の習慣：ビジネスではトラブルなどの問題は1つに限りません。しかし、様々ある問題のなかから優先順位を整理し、はじめに対処すべき問題を絞り込んで問題全体を俯瞰します。全体のなかから、いま一番大事なことは何かを判断することで概念思考力は磨かれていきます。

●アナログ思考で類推する

ここまで見てきた問題解決のための3つの思考力は、合理的なアプローチに活用するためのものです。

しかし、問題はすべて合理的、論理的に解決できるとは限りません。それまでの経験や勘も問題の発見や解決のカギになります。

物事の因果関係を説明する際によく用いられる「風が吹けば桶屋が儲かる」。江戸時代の弥次さんと喜多さんの道中記『東海道中膝栗毛（とうかいどうちゅうひざくりげ）』に出てきて有名になったことわざです。

「風が吹いて砂埃が舞う。それが目に入り、眼病になる人が出る。眼病が進んで失明する人が出る。盲人になると按摩か三味線ひきになる。三味線ひきが増えれば三味線も出る。猫の皮でつくる三味線を使う人が増えれば、猫は捕まえられてその数が減る。猫が減ると鼠が増える。鼠が増えると鼠にかじられる桶が増えて、桶を買う人も増える。桶屋が儲かる」というストーリーです。

経験や勘は感覚的なものですが、**ひらめきや直感など「心で捉える思考」も意思決定や決断において大変重要**です。この「心で捉える思考」のことを私は「アナログ思考」と呼んでいます。

アナログ思考のアナログは英語のAnalogyとAnalogの2つの意味を兼ね備えています。Analogyは「類推」です。未知のものに遭遇したとき、自分が知っていることや経験したこととの類似性や共通点から未知のものを理解し、判断することです。インスピレーションやイマジネーションを得るのに有用です。そしてAnalogは「切れ目なく連続するデータ」を意味します。

つまり、**アナログ思考は「個々の情報を単独で捉えるのではなく、いくつかある情報の繋がりを見出し、次の事態を考える思考」**ということです。わかりやすくいうならば、**「過去の経験に学び、そこから類推する思考」**のことです。

1980年代後半の日本はバブル経済により株式市場が大活況を呈していました。当時、多くの企業が株式・債券・不動産等に投資する財テクに走りましたが、1990年に入ってからはその反動により辛酸を舐める企業が続出しました。

しかし、異常な株価上昇の行く末を過去の経験から学んでいた企業、例えばトヨタ自動車、花王、オリックス、イトーヨーカ堂、三菱商事などは本業に専念し危機に瀕することはありませんでした。

これは17世紀オランダのチューリップバブルからも類推できたことです。オランダ大使がオスマントルコから持ち帰ったチューリップの球根への需要が高まった挙句、庶民の年収相当にまで値上がりが続いたものの、バブルは一気に破裂しました。また、フランス革命の遠因ともいわれる、米国の植民地会社への巨大な投機ブームの末のバブル崩壊がフランス国民の生活を困窮させた事例もあります。

経済における急激で異常なバブルはいずれ破裂するということの教訓です。

まさに歴史は繰り返すということですが、これまで自らが経験したことがない状況に遭遇したとき、過去の事例から類似性を探って直感的に判断するアナログ思考が役に立つということです。

●システム思考を学ぶ

アナログ思考で次に起こることを直感的に類推することを少し科学的に捉えたシステム思考も知っておくと、近未来の予測に活用できます。

システム思考とは、いま目の前にある現象が未来にどのような現象を引き起こすのか、全体像を観察し、その現象のパターンを知ることから次に起きることを予見する思考法です。問題解決では、問題そのものだけではなく問題が起きた真因を探るために活用されたります。

この思考法を身につけるには、5つの原則を理解することからはじめます。

[第1の原則] 連鎖の構造

連鎖の構造は、1つの現象が他のどんな現象を誘発しているか、を大局的に把握するための原則のことです。問題をそれ単独で見るのではなく、過去の出来事を時系列でたどることでその原因を深掘りできたり、問題発生のパターンを知ることができます。これが、連鎖の構造の有用性です。

GEがその後、日本では「選択と集中」という言葉で有名になった「ナンバー1・ナンバー2戦略」を打ち出した背景に連鎖の構造がありました。

1980年代、米国レーガン大統領、英国サッチャー首相、ソ連ゴルバチョフ共産党書紀長の3人の個人的信頼関係が深まり、世界を東西に分断してきた鉄のカーテンが消滅する予兆が生まれました。

そうなれば世界の市場がつながり、大きな経済圏が誕生し、規模の経済がはじまります。規模の経済となれば、市場の寡占化がはじまり、ナンバー1が圧倒的な利益を上げ、ナンンバー2も大きな利益が期待できます。しかし、ナンバー3以下の利益はあまり期待できなくなります。

ここからGEは「ナンバー1・ナンバー2戦略」を発表し、ナンバー3以下の事業から撤退する判断を下しました。

GEと同じように規模の経済の時代が到来することを予感したのは、サムスン電子の第2代CEOを務めたイ・ゴンヒ氏でした。ちなみに、彼は日本の大学で企業経営を学びました。

1993年、ドイツ・フランクフルトで発表された同社の経営方針「フランクフルト宣言」では世界市場での寡占化を目指すというビジョンが掲げられました。

このアプローチはグローバル化と呼ばれ、市場を順番に深耕する伝統的な国際化とは全く異なるものでした。サムスンの取り組みは半導体やスマートフォンの分野で巨大な成功をもたらします。

日本企業でこのグローバル化の本質を捉え、一気に世界市場を攻略したのはトヨタ自動車でした。トヨタ自動車は1998年から2007年の間に海外売り上げを20兆円も伸ばし、日本のトヨタから世界のトヨタに踊り出ました。

東西冷戦の終結→世界市場の誕生→寡占化の予測、というシステム思考の発想ができた企業とそうでない企業のその後の軌跡は繁栄と衰退という全く異なる景色をもたらしたのです。

【第2の原則】好循環と悪循環

好循環と悪循環とは、目の前の現象だけを見るのではなく、複数の現象が循環するパターンになっていないかを観察し、そのパターンを知ることで未来を予見して機会を捉えたり、驚異を未然に防ぐための視点です。

1980年代に急速に成長し、突然、失速消滅したピープル・エキスプレスという米国の格安航空会社のケースです。同社は今日のLCC（格安航空会社）の原型のような会社でした。低価格により顧客が急増し売り上げが急成長、便数の拡大がさらなる需要を呼ぶという好循環が生まれます。

しかし、便数の拡大に合わせて、地上のチェックインカウンターや機内のクルーなどサービスに関わる人材への注力を怠りました。これにより、好循環の頂点において顧客のサービスへの不満も頂点に達します。ここから成長が止まり、時計の針が逆方向に回転しはじめます。売り上げの低下はコストカットをもたらし、教育投資の縮小からサービスはさらに悪化、顧客離れが加速化するという悪循環に入ります。

こうした事態はスタートアップ企業や新規事業に起こりがちです。スタートアップや新規事業にとって、成長は生命線です。成長のためには好循環をつくらなければなりませんが、好循環は何もしなければ頂点に達し、悪循環に陥ります。

好循環を止めないためには何をするかを考え、入念な準備を行います。

ピープル・エキスプレスでは一直線の成長ではなく、踊り場を設け、成長を鈍化させてでもサービスの充実を図らねばならなかったのです。「好循環と悪循環」のパターンを知っている人が同社にいれば、こうした不幸は回避できたかもしれません。

【第３の原則】ボトルネックの発見

瓶は首（ボトルネック）の大きさによって中身の出る速さが変わります。ビジネスの一連の流れを快適にするかどうかは、その流れのどこがボトルネックになっているかで決まるため、この部分の発見がビジネスプロセスの効率化では大切になります。

例えば製造業であれば、研究・開発・購買・製造・マーケティング・販売・サービスなどの機能の流れがあります。これらの機能すべてを自社で賄うことを「垂直統合」といいますが、垂直統合では事業の成果は最も弱い機能によって決まります。他の機能がどれほど優れていても、1つの機能が作動しなければ結果はゼロになることもありえます。そうならないためには、ボトルネックがどこかを早く発見することです。

日本企業は、伝統的に垂直統合を進めてきました。それとは対象的に、2000年代に入ると世界の企業はボトルネックに着眼し、弱い機能を外部に委託する方法を取りはじめます。この動きが自社の業務プロセスを外部の専門企業に委託するBPO（Business Process Outsourcing）の登場につながります。

このアプローチにより飛躍的な成長を遂げたのが、アップルです。アップルは製造機能が自社のボトルネックであることを早い段階で見極め、台湾企業に委託をします。自らは、研究・開発・購買・マーケティングに注力し、組み立てのプロセスを外部協力会社に委託する「水平分業」を進めたことで現在の成功を勝ちえました。

日本企業では、FAセンサーなどの検出・計測制御機器の大手企業であるキーエンスが生産を外注していることで有名です。2021年3月期の業績は売り上げ5000億円、営業利益2500億円という圧倒的な水準です。時価総額は約13兆円に達しています。

［第4の原則］指数関数的成長の驚異

指数関数的成長とは、倍々ゲームのように爆発的な加速度で巨大な変化を起こすほどの成長のことです。小さな蓮《はす》が株を分け、１年後に池全体を覆い尽くすようなイメージです。

１９８０年代、アメリカ南部アーカンソン州の田舎町ベネトンビルに小規模のスーパーマーケットが成長をはじめていました。ウォルマートです。当時の売り上げ規模は２００0億円程度。日本の大手スーパーが1兆円規模に達していた頃のことです。

ウォルマートは郊外のスーパーに徹し、「エブリデイロープライス」というコンセプトで小型の店舗を地方都市に展開し、倍々ゲームの指数関数的成長をはじめます。１９９０年には売り上げ3兆円に達します。

それでも同業他社はウォルマートの進撃を傍観します。２０００年には9兆円、２０１9年には56兆円を超す巨大流通業に成長します。それまで傍観者だった同業者はもはやウォルマートの後を追いかけることができない存在です。

「茹でガエル現象」という言葉があります。水を入れた鍋にカエルを入れ、弱火からゆっくりと鍋を温めていくうちに中の水の温度は指数関数的に上昇し、お湯になったと気づかぬうちにカエルは茹で上がり絶命しています。

変化に鈍感だと身の破滅を招くという戒めですが、まさに指数関数的成長に意識が向かないと知らぬ間に危機から脱出できない状況に追いやられるということです。

[第5の原則] 短期の成功がもたらす長期の失敗

これは、一時《いっとき》の成功に安住してその後の打ち手を考えておかないといずれ勢いが失速するという戒めです。

企業の盛衰を観察するとある共通の現象が見えます。V字回復の達成とその後の低迷です。それほどV字回復後の成長が困難なのは、危機の山を乗り越えたところで皆が安心してしまい、その後の成長への施策が十分行われないまま、事業を継続していくことにあります。

これを避けるには、構造改革と同時に社員の意識改革を計画的に行うことです。構造改革は短期的に可能ですが、意識改革は長期的に継続させるテーマです。それが企業文化となり、強い経営体質を育んでいきます。

COLUMN

第六勘を鍛える

日本が生んだ偉大なイノベーターと称された阪急グループ創始者の小林一三《いちぞう》氏は、大衆都市文化を創造するというビジョンを描き、鉄道・住宅・百貨店を一体化し、システムとして展開しました。そして、そのシステムの一環としてつくられたのが宝塚歌劇団です。

事業を単体としてではなく全体をつなぐものとして捉えたのは、小林一三氏が語る５つの「かん」と第六勘があったものと思われます。

５つの「かん」とは、観・看・鑑・関・感のことです。

観：他人の目ではなく自分の目で見る。真の姿を観ようとする。
看：変化を見る。患者の容態の変化を見る看護の目。
鑑：状況を分析し吟味する。絵画や骨董品などの美術品の真贋を鑑定する目。
関：その状況と他の状況の関係を見る。
感：そして何かを感じる。

この5つの「かん」で物事に対する習慣ができると第六勘、すなわちひらめきが生まれるのだそうです。ちなみに「勘」という字は武田信玄の軍師として活躍した山本勘助の勘から取った言葉だといわれています。

トヨタ自動車三代目社長の豊田章一郎氏も、勘を大切にし、次のように述べています。

「創業者の姿勢や精神の第一は『徹底した現地現物主義』です。（中略）現場にいって現物を見ないと、わずかな変化を的確に捉えることができず、これはおかしいという勘を養うこともできません」（『常に時流に先んずべし　トヨタ経営語録』ＰＨＰ研究所編）

第5章

課長のマネジメント課題

環境の激変からチームを守る

課長のマネジメントといえば、まずはチームの目標管理です。人材の成長も大切なテーマです。しかし、今日はこれらに加え、ビジネスを超えた社会問題・環境問題の変化から組織を守ることにも注力しなければなりません。ひとつ間違えば、これまでの苦労が水の泡となり、会社全体が甚大な被害を被るケースが頻繁に起きています。

その代表的なものがコンプライアンス対策です。不正やハラスメントによりチームが疲弊しては、業績目標の達成も部下の成長も望めません。

コンプライアンスを軽視することで、法令違反だと知りながら危ない橋を渡るようなビジネスを行う会社は、発覚したときは関与者が処罰を受けるだけでなく、会社そのものの存続も危うくなります。

社会の一員としての振る舞いや倫理規定の遵守の徹底は、チームを預かる役割の人たちが率先垂範することは常識でもあり、今後さらに重視されていくことは間違いありません。

本章では、コンプライアンス問題をはじめ、会社やチームを守るうえで知っておきたい事項を解説していきます。

そのうえで、いかに環境が変わろうとも変わらないもの、すなわち企業が存在するためになくてはならない顧客起点の行動について、本章の終わりで詳しく述べていきます。

江戸時代に活躍した俳人の松尾芭蕉に由来する言葉に「不易流行《ふえきりゅうこう》」があります。顧客起点の行動でこれを読み解くならば、「不易」とは永遠に変わらないものに相当します。

課長はメンバーが顧客起点の行動から外れないようにしっかりとマネージすることで、新たな課題へもチームとしてうまく対応できるようになります。

1 コンプライアンス問題への対応

まずはルールを正しく知る

いまやコンプライアンス問題への事前対策は企業としての絶対条件です。もちろん「法令遵守」が必須であることはいまも昔も変わりませんが、意図せぬ企業情報の漏洩や個人情報の取り扱いの問題、セクハラ・パワハラなどのハラスメントといった懲戒処分行為は知らなかったでは許されません。

コンプライアンス違反だと知ってルールを無視することは当然アウトですが、以前は許されたことがいまは許されないなど、知らなかったために大きな痛手を負うようなことが頻発しています。

課長が知らないところでメンバーが不祥事を起こした場合、課長には管理責任が伴います。責任を負うだけでなく、問題を起こしたメンバーの将来やチームの目標達成にも影響することになります。

課長は、まずは自分自身とメンバーがコンプライアンス違反を起こさないために、ルールを正しく知る必要があります。

それには、**他社のコンプライアンス違反事例をチーム内で共有し、危機察知能力を磨く**ことです。定例会議のたびに事例を発表し合うのが最も手早く効果的です。少なくとも自社が属する業界でのコンプライアンスにかかわる問題は共有しておきます。

●上司の指示によることが多い!?

ところで、企業のコンプライアンス問題の事例集などを読むとよくわかることですが、**会社が危機的状況にさらされるのは経営層や管理者がコンプライアンス違反と知りながら、社員に問題行動を結果的に要請**していた場合です。

業績を取り繕う粉飾決算、品質検査の数値をごまかすデータ偽装、社長による意味不明な経費の使途、ライバル会社との談合、取引先への過剰な接待などは一般社員が主導するのではなく、上司に指示されて行ってしまうケースが多いのです。

コンプライアンス（compliance）は「法令遵守」と訳されますが、「追従」や「へつらい」という意味もあります。上司のいうことに唯々諾々と従う人、つまり追従者はコンプライアンス違反に巻き込まれる可能性が高いのです。

テレビドラマなどでは部長や役員の指示により課長が問題行動の実行者になる場面がよくあります。

実際のビジネスでは毅然とした態度で問題をはねのけるか、上手にかわすようにすることです。コンプライアンス担当部署が設置されている会社であれば、そこに相談することです。

また、課長自身の言動にも注意が必要です。メンバーから見れば上司である課長の一言が問題になることがあるからです。これくらいいいだろうと軽口を滑らせたことがセクハラやパワハラになることも日本企業ではまだまだ多いようです。

うっかりの一言が致命傷になることもあるので、ハラスメント問題は課長自身のリスクマネジメントとしても捉えてほしいことです。

●コンプライアンス意識を定着させる

このようにコンプライアンス違反は管理者や経営者が発生源ということもあります。逆にいえば、管理者や経営者こそがコンプライアンス問題をしっかり学ぶことが大事です。課長が中間管理職として単なる調整役の意識のままだと上層部からの指示に無力なままですが、組織の原動力となる中核管理職だと意識していれば、心の声が「倫理規定違反には毅然な態度を取る！」と呼びかけてくれるはずです。

倫理とは、「人として守るべき道」のことです。自らの常識に照らし合わせて、不祥事だと思うことには絶対手を下さないこと、部下を巻き込まないことを徹底します。

そしてコンプライアンス意識をチーム内にしっかりと定着させるには、次のような取り組みをはじめます。

- **課長自らがコンプラアンス宣言書をメンバーに示す。会社のミッションや理念を課長としての役割や課の行動指針に落とし込む**
- **その行動指針を課内で議論し、ブラッシュアップしながら共有する**
- **定期的にその行動指針の実践をメンバー同士で確認し合う**

●ハラスメントには細心の注意を払う

国際労働機関（ＩＬＯ）では２０１９年６月に「仕事の世界における暴力及びハラスメントの撤廃に関する条約」を批准しています。

企業の評判に関わることでもあり、欧米ではパワハラやセクハラを行った社員は地位や実績に関係なく一発退場という厳格なルールが適用されています。場合によっては過去にさかのぼり、査問委員会にかけられて処分されることもあります。

日本でも国をあげてその取り組みは強化されてきており、２０２０年６月にパワハラ防止法（正式には「改正労働施策総合推進法」）が施行されました。その主な内容は以下のとおりです。

- ●身体的な攻撃（暴行、傷害など）
- ●精神的な攻撃（脅迫、名誉棄損、侮辱、ひどい暴言など）
- ●人間関係からの切り離し（隔離、仲間はずし、無視など）
- ●過大な要求（業務上明らかに不要なことや実行不可能なことの強制など）
- ●過少な要求（業務上の合理性なく、能力や経験とかけ離れた程度の低い仕事を命じる

ことや仕事を与えないことなど）

●個の侵害（私的なことに過度に立ち入ることなど）

パワハラの場合、受ける側がどう感じたかという主観が重視されるので、仮に上司が「頑張れ！」という意図で背中をポンと叩いてもそれが不快に感じられればハラスメント行為とされる恐れがあります。

ただ、こうした行為がパワハラと認識されてしまうのは、そもそもメンバーとのコミュニケーションが不十分だということもあります。自分はメンバーとは良い関係と思っていても、それが一方通行であれば、コミュニケーションは成立しません。

日頃からちょっとした声がけやメンバーからの相談に気軽に乗るなどが自然にできていれば、パワハラやセクハラは起きにくいはずです。ただし、コミュニケーションが良く取れているといっても、「親しき仲にも礼儀あり」は必ず意識してほしいところです。

2 リスクマネジメントへの対応

●リスクマネジメントの本当の意味

ある講習会で「リスクマネジメントとは何をすることでしょうか?」と参加者に質問したことがあります。以下がそのときの回答の一例です。

「自分や組織に悪い結果をもたらす可能性がある要素を発見する」
「リスクの発生の可能性と発生した場合の損害を推定する」
「不測の事態が起きないように事前の対策を打つ」
「事件や事故が発生したときにすぐに対応できるように備える」

どの答えも間違いではありません。ただ、リスクとは漫然と危険を予知し、避けることだけではないことを知っておけば、もうひとつ踏み込んだ回答が出てきそうです。

リスク（risk）とは、「思いきって一歩踏み出す、勇気を持って試す」という意味の古代ラテン語の「リシカーレ（risicare）」が語源です。この意味で解釈すると、リスクマネジメントの前提は「リスクを取る」ことです。リスクを取ったうえで目標の実現を阻む要素を洗い出して対策を施し、その後の経過をよく観察することがリスクマネジメントの本義です。

要するに**リスクマネジメントとは、「リスクを取りつつも目的や目標を阻む落とし穴を予測し、その落とし穴にはまらないために対策を実行する」**ことです。

リスクを避けて現状を維持するという考え方もあります。ただ、それでは時代に置いていかれますし、組織とメンバーの成長もありません。ソニーの共同創業者であった盛田昭夫氏の次の言葉が思い起こされます。

「アイデアの良い人は世の中にたくさんいるが、良いと思ったアイデアを実行する勇気のある人は少ない。我々はそれをがむしゃらにやるだけだ」

リスクテイカーという言葉があります。危険を承知のうえで高い目標に挑戦する人です。目標が高いほどそれをクリアする難易度も高いわけですが、乗り越えたときの達成感と成果はとても大きなものとなります。

内外の伝統ある企業の創業者や経営手腕を発揮して会社を大きく成長させた社長の物語を読めばこのことがよくわかります。２００８年４月からスタートした日本経済新聞の長期連載コラム「私の課長時代」は著名な経営者の課長時代の苦労話が詳細に語られていますが、ここに登場する方々は誰もが成功者になる通過点としてリスクテイカーでした。

ビジネスはリスクを取って、それを乗り越えることで大きな成果が得られます。逆をいえば、リスクマネジメントの必要がないビジネスは単に上意下達された、淡々と処理するタスクだということです。ここには大きな果実は実りません。

●主なリスクとその対策

ビジネスではあえてリスクテイクしなくても、様々なリスクに晒されていることはみなさんも実感していることでしょう。例えば、次のようなリスクです。

●リレーションリスク：顧客や協力会社、上司や部下など社内外の関係者の予期せぬ離脱や退職

上司やメンバーの突然の退社、顧客の他社への乗り換えなど突発的な事態が起こりえます。ジョブの成果に影響する関係者を特定し、その人がいなくなった場合の対処法を事前に想定しておきます。

●リソースリスク：ヒト・モノ・カネ・情報といった活動資源が不十分な状態

目標達成に絶対に必要不可欠なリソースは何かを明確にし、そのリソースが得られない場合を想定し、対策を準備しておきます。

●リコールリスク：製品やサービスの予期せぬ不具合によるクレーム

リコールとは自動車などでよく聞きますが、製品に不具合があった場合に回収して修理することです。顧客や社内のユーザーや受益者からの不平不満が起きたときの対処法を想定しておきます。

●リスクマネジメントの手順

リスクマネジメントを徹底するにはこうしたリスクがあることをまずは知ることです。企業が遭遇する予期せぬリスクにはどんなケースがあるのかを文献やネットで調べておきます。そのうえで、次に示すリスクマネジメントの手順に従い、事前の対策を施します。

①リスクの特定：どんなリスクが考えられるかを想定しておく
②リスクの評価：そのリスクに見舞われたときにどれほどの損失となるかを評価する
③リスク対策：どんな対策が適切かを選択し、実行についてシミュレーションする

正式なリスクマネジメントにはさらに詳細な手順がありますが、自分のチームを守るために必要な要素として、まずは上記のプロセスを押さえておきます。

今日では、リスク管理部やリスク統括部といった名称の部署を設置している企業もあります。リスク管理の制度や仕組みは企業共通で大きな違いはありません。

しかし、第一線の社員の姿勢や行動には企業によって大きな違いがあります。その原因の1つがリーダーである課長の振る舞いであり、この振る舞いの違いが企業の優劣を生み出しているのが実態です。

3 ダイバーシティへの対応

●D&Iに対応したチームマネジメント

日本でも欧米のように、ダイバーシティ経営が推進されています。**ダイバーシティ（多様性）**という言葉は、もともとは社会的少数者の人々の就業機会の拡大を意図して使われることが多かったのですが、今日では有能な人材の発掘、斬新な発想やアイデアの喚起、社会の多様なニーズへの対応、企業の活力や評判の強化という視点が高まっています。

そして、多様な性別・国籍・年齢・学歴・価値観・性格などの個性を尊重し、様々な人たちがお互いを認め合いながら**一体化（インクルージョン）**して働くことで、経営目標を健全に達成していくために、**ダイバーシティ&インクルージョン**（略称：D&I）を企業理念や行動指針として標榜する企業が増えてきています。これは一人ひとりの意志と能力に基づいて「適所適材」に配置するジョブ型雇用に合致する考え方です。

一方、メンバーシップ型は、同じような思想や価値観を持つ社員をつくり上げていきます。メンバーシップ型であれば、D&Iは思うように進まないかもしれません。

D&Iが進む背景

この背景にはグローバルを見渡して日本企業の女性活躍が著しく低い状態が長く続いていることがあります。女性だからという理由で管理職や経営職の役割を委任しないのは不平等だという論議が日常茶飯事です。経済団体などでは女性活躍を推進する取り組みを活発化させていますが、世界レベルにはまったく及びません。

また、LGBT（レズビアン・ゲイ・バイセクシュアル・トランスジェンダー）の人たちの活躍もD&Iにおいて欠かすことのできない視点です。なお、国際連合ではLGBTIとしてI（インターセックス：男女どちらの性にも属する人）を含んで、差別解消をグローバル憲章としています。

さらに、障がい者の活用も同様です。パラリンピックを引き合いに出さずとも障がい者がその個性に応じて様々なパフォーマンスをあげていきます。現在、Ｄ＆Ｉを推進していくうえでは心身に障がいを持つ人たち各人の才能を見極めて、チーム目標を達成するためのメンバーとして「適所適材」を実行していかなければなりません。

なお、**多様性の推進には、人を様々な仕事に配置する「適材適所」ではなく、仕事に適切な能力を持つ人を充てる「適所適材」の考え方であることが重要**です。

少子高齢化が進む日本では、企業が成長していくには多様性のある人材を一体化してパフォーマンスをあげていくＤ＆Ｉへの取り組みは待ったなしの状況です。

D&Iにおける課長の役割

適所適材を実効性のあるものにするうえでも誰もが働きやすい職場環境を整える役割を担う課長にとって、一人ひとりの能力を正しく認めてその個性に応じた仕事を委任することがとても重要になっていきます。そうした職場を切り盛りしていくには、これまでとは働き方は大きく変わったんだとの意識改革が必要です。

少子高齢化による労働力不足、グローバル化による多様性の拡大、コロナ禍によるリモートワークなど働く環境が大きく変わりました。これは一過性の話ではなく、今後さらにこうした環境での働き方が常態化していきます。

新型コロナ感染症が終息すれば、また以前の状態に戻るだろうという人もいますが、全く以前のように戻ることはないと考えるべきです。

むしろ、いまの状態がさらに進むだろうと考えて、そのなかでの働き方を考えるべきです。多様な働き方を受容して、柔軟に環境に合わせて成果を出す取り組みを課長自ら率先垂範することです。第4章のリーダーシップスタイルの項では、部下の仕事に手をつっこむ形は控えるべきと述べましたが、D&Iという新しいテーマでは率先垂範が求められます。

その姿にメンバーが共鳴することで、職場全体のモチベーションが上がっていきます。モチベーションが高い職場はコミュニケーションも活発化していきます。

多様なメンバーがそれぞれ個性にあった成果を出しやすくするには、どんな施策が必要なのか、どんなツールや資源があればいいのか、そうした職場を良くするアイデアをどんどん形にして、皆が共有して実行していくことは課長の大きな役割のひとつです。

そのためには課長自身が多様な視点や多様な価値観を持つ人になるのだという意識を強くすることです。

4　ＳＤＧｓへの対応

●ＳＤＧｓの内容を認識する

ＳＤＧｓはSustainable Development Goalsの頭文字をとった言葉で、「**持続可能な開発目標**」と訳されています。

２０１５年９月の国連サミットで採択された「持続可能な開発のための２０３０アジェンダ」にて記載された、２０１６年から２０３０年までに持続可能でよりよい世界を目指す国際目標のことです。

17のゴールと１６９のターゲットから成り立っています。

図表18　SDGs17のゴール

1. 貧困をなくそう
2. 飢餓をゼロに
3. すべての人に健康と福祉を
4. 質の高い教育をみんなに
5. ジェンダー平等を実現しよう
6. 安全な水とトイレを世界中に
7. エネルギーをみんなに そしてクリーンに
8. 働きがいも経済成長も
9. 産業と技術革新の基盤をつくろう
10. 人や国の不平等をなくそう
11. 住み続けられるまちづくりを
12. つくる責任 つかう責任
13. 気候変動に具体的な対策を
14. 海の豊かさを守ろう
15. 陸の豊かさも守ろう
16. 平和と公正をすべての人に
17. パートナーシップで目標を達成しよう

●ＳＤＧｓを実現するビジネスを行う

紀元前の古代ギリシャ・ローマ時代の世界の人口は数億人といわれます。１９００年代初頭でも世界の人口は20億人足らずでした。それが70年後の１９７５年には35億人になり、そのわずか40年後の２０１５年代には73億人とほぼ倍増しています。人口が倍になるのにかかる時間が半減していることになります。この指数関数的なペースは落ち着いて推移していくものの、２０３０年までに世界人口は83億人に達すると試算されています。さらに２０５０年には98億人に達するだろうとのことです。

先進国では少子高齢化が進む一方で、開発途上国では急激な人口増加により貧困や飢餓が爆発するという地球規模の危機に際して、持続可能な社会を実現するための取り組みが必至の状況です。

今後、地球の存続に貢献しない事業に注ぐ社会の目は厳しくなる時代に入ります。**働く人一人ひとりが自分の関わる仕事が持続的な開発目標に合致しているかどうかを意識することが重視**されていきます。

それに伴い、メンバーに対してＳＤＧｓの意識を啓蒙することも課長の役割となっていくことでしょう。
今日のＳＤＧｓにつながる自然保護運動の嚆矢になったアメリカの生態学者レイチェル・カーソンが１９６２年に著した『沈黙の春』（青樹簗一訳、新潮社）で語った文章を引用します。

「こういう人たちがいるということに、どれほど勇気づけられたことか。この世界を毒で意味なくよごすことに先頭を切って反対した人たちなのだ。人間だけの世界ではない。動物も植物もいっしょにすんでいるのだ。その声は大きくなくても、戦いはいたるところで行われ、やがていつかは勝利が彼らの上にかがやくだろう。そして私たち人間が、この地上の世界とまた和解するとき、狂気から覚めた健全な精神が光り出すであろう。」

5 組織づくりへの対応

●チームビルディングを行う

第3章の冒頭で述べたように、チームは明確な目的を達成するために個性の異なる人材を集め、1人では達成できないパフォーマンスを上げるために存在するものです。しかし、人は易きに流れるものです。目的を忘れ、眼前の作業をこなす楽な道を無意識のうちに選択しがちです。この状態を放っておけばチームはまとまりがなくなり、単なる人の集団になります。

チームビルディングとは、チーム力を劣化し錆びつかないように磨きあげる継続的な努力といえます。

そこで課長は半年に一度はメンバー全員が参加するワークショップを実施するとよいで

しょう。その際、以下のような設問を使って、メンバーが自分ごととして課題を発見できるように努めます。

●チームの目標はしっかりと共有されているか
●メンバーは個性と実力を発揮できているか
●メンバーはお互いに協力しあっているか
●メンバーは遠慮なく自由豁達に意見を交換しているか
●1人では思いつかなかった良いアイデアが生まれているか
●1人ではできないような成果が生まれているか

●3か年人員計画をつくる

メンバーシップ型雇用においては課の人員計画の作成は課長の明確な責任ではありませんでした。課長は組織の上位者に要望を伝えることはあっても計画そのものを作成することはありませんでした。ジョブ型雇用では課長は課の人員計画に主体的に取り組む必要があります。

これからの課長は自分のジョブを大きくしていく必要があります。それには3年後の自分のジョブを考え、そのジョブを実現するために次のような視点で人員計画を作成します。

- 現在のメンバーの３年後の役割の推定
- 不足する人材の質と量の判断
- 不足する人材の調達計画の作成
- 本年度に実施するべき行動計画（例、人材の採用、等）の作成

人材を獲得する

毎年、秋口から新年にかけて駅伝やラグビーなど大学スポーツが話題になります。特に正月に行われる箱根駅伝は風物詩ともいえる定番行事です。

大学スポーツの場合、強豪校は監督の指導が成績に大きく影響しますが、指導の他に選手の発掘も監督の大きな仕事です。優秀な選手を求めて全国の高校を訪れ、監督が直接選手をスカウトすることで強豪チームを組織します。

これと同様に、外資系企業や日本企業の海外拠点のマネジャーは自ら戦力を組織する役

割を担うため、人材採用が大きな仕事の1つになります。

適所適材の戦力を採用するうえでは、特に次の4点がポイントになります。

①自部署のジョブに貢献できる人材の発掘

採用担当に任せるのではなく、自ら適材を積極的に探すということです。あらゆる人脈を駆使して、ヘッドハンターになったつもりでいまの事業を強化する人材を発掘することは管理者の仕事です。

友人や知人を採用する「リファラル採用」であれば、欲しい人の能力や性格をよく知っているので採用のミスマッチが防げます。

②会社の魅力ではなく、ジョブの魅力のアピール

新卒者であれば、会社のブランドに魅力を感じることもありますが、即戦力を採用する場合は仕事そのものに魅力を感じられなければ、採用候補者のモチベーションを刺激することはできません。

欲しい人材を獲得するには、ジョブの内容とそれを行うために必要なスキルを魅力的に説明できるようにします。

③採用面接へのメンバーの参加

一緒に働くメンバーも面談に含めることで、採用候補者に職場の雰囲気を感じ取ってもらうことができます。また、メンバーから仕事のやりがいを直接伝えることで安心感も感じてもらえます。

双方が同僚として働くことに納得できれば、良い化学反応も期待できます。

④課長自身のジョブの魅力のアピール

スカウトにより採用する場合、チームの責任者自身が仕事に満足していることをアピールすることは採用候補者にとっての安心感につながります。

取り繕うようなことはせず、素のままに課長自身が自らのジョブの面白さや有意義さを飾らずに語ることです。

COLUMN

外資系企業における人材の代謝

外資系企業の場合、管理者は人材採用と同様に人材の解雇の責任も担うことになります。日本企業では一般的ではなく、採用とは逆に気持ちが滅入る役割ですが、外資系企業ではこれも管理者の重要な仕事です。

ただしそれには、次のようなことへの配慮が必須です。

①ジョブの期待を唯一の基準にする

ジョブの期待成果の実現のために必要な行動ができているかどうかに配慮します。本人のマイナス面をあげつらうような評価は主観的になりがちなので、「期待成果」に対してできたかどうかを客観的な指標で判断します。

②一方的な通告ではなく、対話で理解を促す

期待成果に及ばなかったことを伝え、本人にいまのジョブを続けることは自分のキャリアにとって有益ではないことを本人が納得できるように対話することを心がけます。相手の話も真摯に聴く姿勢です。

③突然の通告でなく、本人に改善する機会と時間を与える

「成果」の問題で解雇の対象となっているわけで、不要になったから切り捨てるという姿勢は絶対にタブーです。本人の意欲が喚起されれば、挽回のチャンスもありえます。再起を期して３か月前、場合によっては６か月くらい前に解雇となりえることを伝えるようにします。

④再就職を支援する

採用のときと同様にネットワークを活用して、次のジョブを探す支援を行います。解雇の理由はジョブの期待とのミスマッチにあるとすれば、その人の能力が活かせられる次のジョブを可能な範囲で紹介することも課長として大事なことです。

日本の伝統企業が経営不振に陥り、リストラを断行するにあたって、管理者がリストラ対象者のために次の職場を斡旋するという話をよく聞きます。解雇は外資系に限らず、日本企業でも起こりえます。いみじくもコロナ禍でその場面が如実になっています。

今後、日本企業でこのような解雇はあまりないにしても、不測の事態に見舞われてメンバーに厳しい通告を行うことがあるかもしれません。それが人事部ではなく、現場のリーダーの役割になるかもしれないのです。

なお、外資系企業では毎年５％程度の社員が退職勧告の対象になるようです。私が在籍したマッキンゼーではUp or Outというポリシーがあり、社員の20％程度が毎年退職していました。Upとは成長することであり、成長が止まれば新たなジョブに移ろうとの趣旨でした。

6 顧客起点の行動

●顧客起点の大原則

新型コロナウイルス感染症は、日本においては新型コロナウイルス対策特別措置法成立後の2020年3月頃から人々が消費のために外出する機会を激減させたことで「需要の消滅」を引き起こし、経済への深刻な影響を与えています。

「需要の消滅」は、1974年の第一次オイルショック、1991〜1993年の資産バブル崩壊、そして2008年のリーマンショックというように、およそ10〜15年周期で発生しています。

これらの経済危機からの脱却のため、多くの企業ではリストラや報酬の削減などで耐え忍び、需要が戻るのを待つという苦しい対応が行われた一方、ロイヤルティの高い顧客を確保できている企業は大きな痛手を受けずに粛々と経営を続けることができました。

東京の中心、四谷見付の交差点から新宿方向に数分歩いた路地裏に一軒のたいやき屋があります。昭和28年（１９５３年）に創業され、現在は四代目が経営する小さなお店です。コロナ禍の東京で不要不急の外出自粛中の午前、このたいやき屋の店頭にはマスクをつけ、間隔を開けながら並ぶ顧客の長い列がありました。

同じく1回目の緊急事態宣言が解除されるやいなやの東京・西麻布の交差点に近い、路地裏の小さなビルの２階にある天ぷら屋では熱海から新幹線に乗り来店した老夫婦が舌鼓を打ち、南青山にあるイタリア料理店では売り上げ減を心配した顧客でお店が満席になりました。

予期せぬ危機に見舞われたお店や企業のなかにはどこからともなく「顧客」が現れ、経営を支えてくれる話はよく聞くところです。顧客にとってそうしたお店や会社はなくてはならないものなのです。これが本来の「顧客起点の経営」です。

顧客の期待を裏切らず、顧客のためをよく考えたサービスを継続的に提供していくことが、顧客起点の大原則です。顧客起点の経営を徹底し続けることで、一見のお客様も顧客に変えることができるのです。

ＧＡＦＡに代表される米国企業、経済成長が止まったなかで躍進した日本企業のファーストリテイリング、しまむら、良品計画、ニトリ、アイリスオーヤマ、リクルート、キーエンス、ヒューリック、地方で特異の地位を築く中堅企業には顧客起点・社会起点での思考と行動が明確に観察されます。既に大規模化した企業で２０００年以降も成長を持続したトヨタ自動車、ダイキン工業、花王、セブン‐イレブン、オリックスにも同様の特徴があります。

しかし、その他の多くの日本企業では顧客起点の行動が十分に発揮されているとはいいがたい状況です。「顧客第二」というスローガンを掲げる企業が多いにもかかわらず、それを本当に実践している企業が思いのほか、少ない印象を受けます。

顧客起点の思考と行動は、顧客に近い距離にある課長クラスの社員だからこそできることです。顧客との距離の遠い部長や本部長、ましてやＣＥＯにはごく一部の例外を除いて容易なことではありません。

ここからは顧客起点の行動を実践するためのポイントを解説していきます。

顧客の小さな声を見逃さない

論理力よりも直感力を働かせる

先述した日本経済新聞の連載コラム「私の課長時代」は、経営トップたちが課長時代に経験した、顧客との関係などの興味深いエピソードが紹介されている人気企画です。

ここでは、経営トップに上り詰めるような人たちは若手時代から必ずしもスマートな優秀社員ということではなく、困難やチャンスを前にして、「これは変だ」「これはおかしい」「これは面白い」と直感して様々な事態に泥臭く対処してきた話が多く語られています。壁にぶつかったときに試行錯誤しながら行動力で乗り切った現場での実際の話です。

現場感覚は顧客起点にはとても大事です。私の場合、顧客の経営支援・人材育成支援のコンサルティングにおいて、整理された情報を分析するだけではなく生の声を聞くことを徹底したり、自分自身が実際に顧客になって見てみるなど、顧客起点を実践するようにしてきました。

顧客起点を追究するには、顧客の課題やニーズを直感的に感じることが大事です。これは物事を掘り下げて追究していく論理力とは違い、相手の立場に自分の身を置いて感じたことを素直に受け止める「直感力」ともいうべきものです。

顧客が潜在的に抱く普遍的なニーズには、「健康で長生き」「安心の暮らし」「将来への希望」「常に美しく」「時間の充実」「大切に思う人の幸せ」などがあります。

こうしたニーズを顧客の立場からタイミングよく発掘していくことが、顧客起点の行動の実践につながります。

●顧客との関係を面に広げる

顧客が欲しい情報をすぐに届ける

自社が提供する製品・サービスの視点で顧客を見てしまうと、顧客との接触は点になりがちです。例えば、生命保険では契約が成立すると、その顧客との関係はそこでいったん途切れます。

顧客側に保険内容の見直しが必要になれば二度目の接点が生じますが、そうしたことがなければ顧客との関係は一方通行の「点」のままにとどまります。

双方向の「線」や信頼で結ばれた「面」に発展させるには、顧客から相談に来るような関係を築かなければなりません。

これは、ある生保会社のトップセールスの話です。彼は営業職員というよりも、ライフ・パートナーという肩書そのままの行動を実践しています。

海外旅行によく出かける彼は、周囲にはそれが個人的な趣味かと思われがちなのですが、実は多くの富裕層を顧客に持つことでの仕事の一環です。

パック旅行では物足りない旅行慣れした富裕層にお勧めの旅行先を教え、現地でしか知りえないレストランや信用できるガイドさんなどをアドバイスするそうです。保険商品とは全く関係のない、顧客が喜ぶ情報をもとにコミュニケーションを取るので、関係が自然と継続するそうです。

こうして顧客から信頼が寄せられ、線から面の関係に発展し、顧客のほうから必要なときに保険の相談が来たり、知人を紹介してくれるそうです。（彼は商品の細かい説明が上手ではないので、商品説明にはアシスタントを伴うということです。）

顧客のほうから相談を持ちかけられるには、顧客が喜ぶ話題がなければなりません。顧客が喜ぶ話題とは、顧客が欲しいと思ったときにすぐに使える情報です。
画一的な関係では顧客との接触が点でとどまりますが、継続して関係を維持するには顧客が望むことを常に把握し、点から線へ、そして面につながる行動を意識して実行することです。

●顧客の成功を支援する

「花王ウェイ」に学ぶ

日本を代表する消費財メーカーの花王の企業理念「花王ウェイ」は、「使命」「ビジョン」「基本となる価値観」「行動原則」がシンプルにまとめられています。ここでは「消費者・顧客を最もよく知る企業に」が打ち出され、4つある行動原則の第一番目には「消費者起点」が明示されています。この消費者起点には次の3つの指針があります。

消費者第一：私たちは、日常業務の遂行にあたっては、消費者の視点に立ち、常に消費者にどのように貢献できるかを第一に考えます。

消費者理解：私たちは、消費者に密着し、消費者をよく知ることで、真のニーズをとらえ、より価値のある商品を開発します。

消費者との交流：私たちは、消費者と積極的に交流し、その声や視点を日々の活動に活かします。

１８８７年に長瀬富郎氏によって創業された花王（創業当時は長瀬商店）は、当時粗悪な石鹸で肌を傷める女性を憂い、品質本位の石鹸を製造することを誓います。創業当時、すでに顧客起点の経営がはじまっていたのです。

その思想は脈々と受け継がれ、１９７１年から１９９０年まで社長を務めた同社中興の祖といわれる丸田芳郎氏は経済誌で顧客起点の思いを遺しています。

「本来企業には他社との競争なんてありえないんです。いろいろな消費者の生活の実態に即して何が問題なのか、どうしたら奉仕できるかを考えておれば、消費者も我々を支援してくれる。それを競争者を意識してもっと張り切れとか、もっと儲けろなんて上がハッパをかけると道を踏みはずしてしまうんです。企業の使命を自覚して一心不乱に努めれば、当然儲かるようになるはずなんです。だから、私はいまだかって今月は何ぼ売れたか、いくら利が出たかなんて下に聞いたことがありません。だいたい、もっと頑張れとか、売り上げを伸ばせとか、利益をあげろなんて言うのは経営者として無責任だと言いたいですね。」（「日経ビジネス」１９９１年１月14日号より）

「我々の企業では、消費者に対する奉仕ということを真剣に考えようではないかとやっております。例えば、勤めから汗まみれ、泥まみれで帰ってきた人達がお風呂に入るとき、石鹸の泡立ちがいいとか、香りがいいといったことも大切ですが、更に風呂場にいると鼻歌の一つも出てくるという状況、喜びをどう創造するかまで踏み込んでいかないと、消費者に対する真の奉仕にはなりえないということです。」（「これからの企業経営のあり方」丸田芳郎、セクジェ文庫Vol.39 社会経済国民会議）

顧客起点を実践するうえで私は「Give and Take」ではなく、「Give, Give, Give and Given」を追求することが大事だと考えていますが、これはなにもお客様のためなら自分は何もいらないということではありません。顧客の成功のために努力し続けるということがその真意です。努力の末にビジネスが成長すれば、顧客にも自分にも良いことです。

このためには、自社の製品やサービスを通して実現できる顧客の成功を定義することです。

●顧客起点で業務プロセスをつくる

顧客の生の声を起点にする

ビジョンの力は人を鼓舞しますが、その思いを具体的にするには業務プロセスによる行動の仕組み化が必要です。

これまで、指示や命令によって執り行われてきたマネジメントは、オフィスにメンバーが集まり、日常の行動が把握できたからこそ可能でした。

しかし、今後、働く場所が勤務先、自宅、シェアオフィスなどから選ぶことができるようになれば、働き手それぞれが役割を自覚し、役割に応じて業務プロセスを設計し自律的に働くことで組織の成果を達成していかなければなりません。

顧客起点での組織の成果とは、顧客の成功です。そこで業務プロセスは顧客の声をもとに設計します。

再び花王のケースです。同社には、消費者の声をモノづくりに活かす「エコーシステム」という機能があります。これはマーケティング、商品企画、生産、消費者相談室、品質保証などの各部門が横断的に情報共有し、改善や開発に活用される仕組みです。具体的には以下のような活動を行っています。

●消費者との直接の窓口となる「生活者コミュニケーションセンター」では、生活者からの商品やサービスへの質問やクレームなどを電話やメールで受け付け、クイックレスポンスを実現しています。そのために、商品情報や生活者データなどが簡単に検索できる情報システムが構築されています。商品画像、パッケージ、成分、関連する生活情報、安全や事故に関する情報、営業の出荷情報、CMのタレント情報、消費者が関心を持つすべての情報がここで検索できます。

●消費者からの問い合わせ内容を正確に記録するために情報入力の簡素化など、相談員の作業を容易にするための様々な工夫や改善・改良にも注力しています。

●生活者コミュニケーションセンターが収集したデータ分析は専門部署が行います。
●ここでの分析結果は研究、開発、製造、マーケティング、販売を横断して共有され、全社的に問題解決の進捗管理ができるようになっています。
●生活者コミュニケーションセンターでは活動報告書を毎年作成して一般公開するほか、生活者と実際にコミュニケーションできるイベントの企画・運営を行っています。

業務プロセスは顧客の生の声から課題やニーズを発見し、その解決の方向性を速やかに実行できるように設計します。

●顧客との協業を考える

「ネスカフェアンバサダー」のケース

商品開発ではグループインタビューやモニターへのヒアリングなどにより顧客自身が気づいていない心の声（インサイト）を発見したりします。こうしたユーザーの生の声を聞く活動も「顧客起点」の一例ですが、顧客満足を充足させるためのユニークな取り組みとして知られるのが、ネスレ・ジャパンの「ネスカフェアンバサダー」です。

「ネスカフェアンバサダー」は、本格的なコーヒーをいつでもリーズナブルな価格で飲みたいというオフィスワーカーのニーズに応えるためにコーヒーマシンを無償で提供し、そのマシンの管理と1杯20円程度からのコーヒーカプセルの集金をそのシステムを申し込んだオフィスの人（ネスカフェアンバサダー）に委託するサービスです。コーヒーだけでなく、ラテや緑茶のメニューも提供されています。これならスターバックスに行かなくても、上等の味がオフィスで味わうことができます。

企業活動におけるすべての商品・サービスは、顧客に価値を提供するためのものです。その考えに基づけば、新商品開発や新事業開発だけでなく、既存商品の改良・改善や用途の拡張などを顧客と協業していく取り組みがますます拡がっていくでしょう。

●顧客とざっくばらんに対話する

ポイントは相手に関心を寄せること

グループインタビューの場に陪席したときの私の体験です。ファシリテーターの質問の大半が、競合品との違いや優劣に集中していました。そこには、「顧客はなぜこの商品を買ったのか？」「この商品で何がしたかったのか？」という、ユーザーの心の声を聞くことがなかったことに違和感を覚えました。

調査対象者から「訊き出す」という姿勢が強いと商品そのものの長短や類似品との比較に傾注しがちですが、対話するようにして「自ら語ってもらう」雰囲気づくりをすれば、対象者はふだんの会話のように自由に話してくれるようになります。**ポイントは、「ざっくばらんな対話」**です。

私の仕事の1つが人材アセスメントです。この仕事では様々な業界や分野の人にインタビューを行います。何に関心を持ち、どのように考え、人や組織にどのように関わり、影響を与えるのかなどを訊いていきます。こうして、その人の強みや課題を明らかにして本人にお伝えします。

アセスメントをしていくと、優秀で評判が良いといわれる人ほど「目標達成の意欲」「結果へのコミットメント」「複雑な問題の整理・調整力」「ぶれない胆力」「公平・無私の姿勢」などの共通項が現れます。これらは自分起点の回答に基づくものですが、他者起点で仕事観や関心事が語られることは少ないように感じます。

自分のことを真面目に語ろうということからの回答なのでしょうが、他者や顧客のことに話を振り向けるとこれも生真面目な回答になりがちです。そこで「ざっくばらんに話をする」ように対話を続けると、その人なりの本音が吐露されてくるようになります。

このとき、アセスメントの対象者ということではなく、対話する者同士として「あなたの話を聴きたい」と、相手に関心を寄せるように気遣います。

顧客と本音の会話をするには、顧客に心からの関心を寄せることです。商品・サービスは使う人がいてこそです。使う人が何を望むのかは使う人に心からの関心を向けないと心から発せられる言葉はなかなか出てきません。顧客が本当は何を思ったり感じたりしているのかは、ざっくばらんな対話から聴けることが多いものです。顧客を知るには聴く力がポイントだということです。

●顧客指向性をチェックする

顧客起点を考えるには、その人自身の顧客の捉え方が問われてきます。そもそも、顧客とは何か、顧客と自分との関係はどうあるべきか、顧客に対してどんな思いで接していけばよいのか。その答えは皆さんがかかわるビジネスの内容によっても異なるものだと思います。

こうした顧客指向性を考えるために、ヘイ・グループのかつての同僚による「顧客指向の発展段階」の調査結果から導いた指標が参考になります（図表19参照）。

このように「顧客起点の行動」には幅広いレベルがあります。例えば、ファストフード店でのお客様に対する店員の対応はマニュアルにより小気味よいですが、「顧客指向の発展段階」で評価するとその発揮度はレベル０です。お客様の要求には耳を傾けるという程度では顧客指向性はレベル１です。

顧客と直接対話するスーパーや量販店の販売員に求められるのがレベル２～３です。顧客のパートナーとなり、課題解決する高度なソリューションを売る法人営業系の業務にはレベル８～９が求められます。

図表19　顧客指向の発展段階＊

レベル－3 悪いのは顧客	顧客の悪口をいう。良い結果が出なかったときには自分ではなく、顧客を非難する。
レベル－2 顧客を批判する	顧客の要望が明確でなかったり、自分の役割が明確でないことを不満とするだけで、自らそれを明確にしようとはしない。
レベル－1 機械的な対応	顧客に事実のみを示す。あるいは自分は何ができるかを示すだけで、顧客のニーズには注意が向かない。
レベル0 反応する	顧客のニーズや質問に対して型どおりの答えをするだけで、顧客の潜在的なニーズや課題を探ろうとしない。あるいは、その質問の背景を探ろうとしない。
レベル1 フォローする	顧客からの問い合わせや要請、あるいは不満などを最後までフォローする。顧客に現在の進行状況を伝える。しかし、顧客の基本的な課題や懸念にまで踏み込むことはしない。
レベル2 コミュニケーションする	顧客の期待、顧客に対する要望について顧客とコミュニケーションを持つ。顧客の要求する仕様にマッチしたサービスをする。顧客の満足度をモニターする。顧客に有用な情報を提供する。親切で快いサービスを与える。
レベル3 責任を負う	顧客との関係で問題が生じれば個人的に責任をとり、それらの問題に対して防衛的な態度をとるのではなく、即座に解決しようとする。
レベル4 信頼を得る	顧客が困った状況にあるときには、自分自身のことよりも顧客の側のことを考え、全面的に協力する。常に顧客が助力を求めてくることができるような態度を示しておく。
レベル5 改善する	顧客から要求されている以上の価値を付加するようなサービスを自ら行い、顧客がより以上の満足を得られるようにする。顧客に対して意義のあるコメントをする。
レベル6 背景に迫る	顧客の表面的なニーズの裏にある本当のニーズをつかみ取り、そのニーズを満足させるサービスを提供する。
レベル7 先を読む	長期的な展望を持って顧客の問題に対処する。長期的な関係を重視し、時間やお金の投資を惜しまない。顧客にとっての長期的な利益を求める。顧客がはっきりした形で成功を収められるような行動を率先して行い、顧客から多大な感謝が得られる。
レベル8 パートナーになる	顧客のニーズに関して独自の見解を持ち、その見解に基づいて行動する。例えば、顧客に要求されたものとは異なる新しい適切なやり方を推奨する。顧客の意思決定プロセスに密接に関与する。
レベル9 顧客に同化する	自社の短期的な利益に合致しなくとも、顧客の長期的なニーズに合うような仕事をする。顧客側の立場に立って自社のリソースを活用しようとする。

＊ヘイ・グループ（現コーン・フェリー）のコンピテンシーをもとに筆者の知見を加味

セゾングループでキャリアを築いた私の知人は顧客起点の感覚を従業員が再認識するために「顧客探検隊」という研修プログラムをつくり、人材教育に展開しています。これは顧客起点を単なる標語にせず、実際に現場で実行するために使えるプログラムですが、ビジネスのさらなる成長には改めて顧客起点が大事だということの現れでもあります。

顧客起点から事業をつくる

ビジネスチャンスを切り開く

顧客起点は現業を維持・発展させることと同時に、新たなビジネスの芽を探すためにも重要です。事業の創造は経営の仕事、新事業担当部門の仕事などといって避けていてはジョブ型雇用のもとでは管理者失格です。いまの仕事の付加価値を高めること、これまでの経験や培ったリソースで新しいビジネスを創造することは、課長をはじめとする管理職の役割として、とても大きなものです。

コロナ禍によって需要が消滅し、倒産を余儀なくされた会社がある一方で、いち早くオンラインによる顧客開拓、販売チャネル開拓をはじめた会社は未曾有の危機を回避できただけでなく、新たなビジネスチャンスを形にしたことで将来への展望を切り開いています。事業の創造といっても、壮大なことに取り組むわけではありません。顧客が不満だと思うこと、顧客にとってあればいいいと思うことを考える習慣を持つだけでいいのです。

顧客の困りごとや喜びを考える習慣は、思いつきやインスピレーションを引き出すトレーニングになります。**身近な小さな気づきからはじめる顧客起点への取り組みが、ゆくゆくは巨大ビジネスを生み出す**ことにもつながるかもしれません。

ソニーの若い技術者が「ウォークマン」を試作したのが1970年代後半のことです。それ以前は音楽は部屋に設置した機器で聴くことが常識でしたが、外を歩きながら音楽を聴きたいとの思いから試作品がつくられました。試作品を見た当時会長の盛田昭夫氏は、カルフォルニアのロングビーチで散歩やジョギング、ローラースケートをしながら音楽を楽しむ若者を想像したそうです。そこで盛田氏は社内の反対を押し切り商品化を決断しました。

同社のプレイステーションも久夛良木健氏が自宅で子どもたちがテレビゲームに夢中になっている姿からインスピレーションを得て、ゲーム事業をソニーの巨大ビジネスに成長させました。

米国Ａｉｒｂｎｂ（エアービー・アンド・ビー）の創業も小さなきっかけからでした。デザイン学校時代からの友人同士のブライアン・チェスキー氏とジョー・ゲビア氏はサンフランシスコで開催される国際デザインカンファレンスに参加するために宿泊先を探しているとどのホテルも満室。これではカンファレンスに参加する人たちは困るだろうとその問題について考え出したことがその後の新しい民泊のアイデアにつながりました。カンファレンス参加者の不便と困惑からビジネスを想像したのです。

同じようにインド発の世界的ホテルチェーンＯＹＯの創業も、当時19歳のリテシュ・アガルワル氏がインドで不衛生な宿泊施設に泊まらざるをえない人たちのために低料金で掃除の行き届いたホテルをつくろうと想像したことがはじまりでした。

最後にアマゾンの例を紹介します。私はアマゾンのロゴマークが気になっていました。ＡＭＡＺＯＮというアルファベットの下に人の笑ったような口の絵が描かれています。その絵はＡとＺを結んでいるのです。

アマゾンに勤める友人にこのロゴの意図を聞いてみました。アルファベットの最初のＡから最後のＺまで、すなわち地球上に存在するあらゆる商品・サービスを提供し、顧客を笑顔にしようということでした。この会社は尋常ならざる顧客起点の会社だと思います。ジェフ・ベゾス氏が送った創業時の株主への手紙（1997年）にはCustomers Rulesという言葉があります。ルールを決めるのは顧客である、という覚悟が示されています。そして〝Obsess over customer〟「顧客にとりつく」という言葉が続きます。現在、この言葉はアマゾン社員の14の信条の第1条Customer Obsessionに記されています。顧客指向の本気度をイメージする言葉です。

終身雇用・年功序列の日本型経営では現業を維持・成長させるのが管理職の役割でした。しかし、現業の維持・成長ではコロナ禍で経験したように、不測の事態があれば需要は蒸発し、事業は急速に停滞します。だからこそ、これからは顧客起点からビジネスの変化を感じ、新しい取り組みをはじめておくことが大切なのです。

社内起業家をイントレプレナーといいますが、顧客が喜ぶビジネスとは何かを想像し、周囲を巻き込みながらイントレプレナーのように新しいビジネスや仕事への取り組み方を実行していくスキルをこれからの課長は磨いていかなければなりません。

第6章

課長の自己成長

●自らの運命を切り開くために

GEのジャック・ウェルチ氏は「自分の運命を支配せよ！　さもなければ誰かに支配される」（〝Control your destiny or someone else will〟）という名言を遺しました。

これまでの日本企業は終身雇用を暗黙の前提にしてきました。その結果、社内の秩序と安定のために年功序列賃金制度が生まれます。また、仕事へのモチベーションを長期的に維持するために定期的な人事異動が行われ、辞令に異議は挟めず、社員は転勤を当たり前のこととして受け入れてきました。

こうした結果、日本企業では社員の運命は会社が支配することになりました。これが自律的な社員の登場を阻む原因となっているのかもしれません。

ジョブ型制度では自らの成長は自分で計画し、それを実行していくことが重要です。自らの運命をデザインできるのは、自分しかいません。

1 内省の習慣

●「ジョハリの窓」で自分を知る

自己を内省するツールの代表的なものに「ジョハリの窓」があります。これは1955年、サンフランシスコ州立大学のジョセフ・ルフト氏とハリ・インカム氏の2人の心理学者が4象限のフレームワークを使うことが人間関係の改善に有効であることを提唱したことから誕生しました。

自分の目から見て「自分が知る自分」と「自分が知らない自分」、そして他人の目から見て「他人が知る自分」と「他人も知らない自分」の4つの象限から自分を多面的に見ることで自分の実像が見えてくるツールです（図表20参照）。

「自分は知っている自分」＋「他人が知っている自分」の「開放の窓」の領域が大きい

図表20　ジョハリの窓

	自分は知っている	自分が知らない
他人が知っている	**開放の窓** Open Self 自分も他人も知っている自己	**盲点の窓** Behind Self 自分は気づいていないが、他人は知っている自己
他人が知らない	**秘密の窓** Hidden Self 自分は知っているが、他人は気づいていない自己	**未知の窓** Unknown Self 自分も他人も知らない自己

- 自己理解のためのジョハリの窓
- 「開放の窓」を広げ、「未知の窓」を小さくすることで、オモテウラのない自己が形成できる

実施方法

①チームメンバーを集め、相互に評価を行う
②「真面目」「陽気」「自立的」「嫉妬しない」など
　人の性格や行動を表す用語を 50 ほど書いた用紙を配布
　（すべてポジティブ用語にすることがポイント）
③自分と他人がチェックした用語→開放の窓に入れる
　自分がチェックし他人がチェックしなかった用語→秘密の窓
　自分がチェックせず他人はチェックした用語→盲点の窓
　自分も他人もチェックしていない用語→未知の窓
④それぞれの結果を全員が見せ合う

人ほど自分を客観視できていることになり、新たな力量を得て成長し、より高いパフォーマンスを安定的に上げることができるとされます。

●ビジネススキルを定期的に棚卸しする

次ページの図表21はビジネスパーソンとして備えておきたい基本スキルを整理したものです。この一覧を目安に自分のスキルが半年前や1年前と比べてどの程度変化しているかを自己評価します。

人は目安や目標が具体的にわかることで、そこに向けてモチベーションが喚起されます。また指標が具体化することで、理想と現実のギャップを知ることができます。

これらのスキルが一定期間でどれだけ変化したかがわかれば、自己成長の度合いが具体化でき、どのスキルに注力すればよいか、何を改善すればよいかもわかるようになります。

自己評価に加えて、上司や同僚、部下の意見を聞くことができれば、多面的に自分の姿が把握できます。できる人ほど他者の意見に耳を傾けます。「ジョハリの窓」で他者の見方を知るときに、この目安を使うのもいいでしょう。

図表21　ビジネスパーソンの力量の全体像

思考力

- 情報探究力：真実の情報を集める
- 分析思考力：問題を分解して理解する
- 概念思考力：解決の方向をイメージする
- アナログ思考：ロジックを超えて想像する

人間関係力

- 関係構築力：他人と親しみ、関係をつくる
- 対人理解力：他人を理解する
- 対人影響力：他人の理解と納得を得る

動機

- 達成動機：高い成果に挑む
- パワー動機：人や組織に影響を及ぼす
- 親和動機：人に共感する
- 回避動機：危険を避ける

組織力

- リーダーシップ：メンバーを鼓舞する
- 指示強制力：明確な指示、確実な実行
- 組織開発力：組織風土・文化をつくる
- 人材育成力：仕組みをつくり、人を育てる
- チームワーク：チームに貢献する

個人力

- 顧客サービス力：顧客に満足を与える
- 徹底確認力：細部に拘る
- イニシアチブ：先を読み、行動する
- インテグリティ：価値、信条を守る
- 柔軟性：状況に応じて臨機応変する
- 自信：成功体験に基づき、課題に挑む
- 専門性：知識、スキルを深める
- 政治力：利害関係をマネージする

出典：ヘイ・グループ(現コーン・フェリー)が定めた標準的な動機とコンピテンシー

これらのスキルのうち、課長としては特に「人間関係力」と「組織力」に着目します。「人間関係力」のなかにある「対人理解力」や「対人影響力」は自己認識と他者認識にギャップがあることが多く、「組織力」にある「リーダーシップ」や「チームワーク」も同様に自己と他者の評価にギャップが出やすいとされます。

プレーヤーとして高い成果を上げながらも、人と組織を動かす能力に問題があることでチームを迷走させる管理者がいます。これまでの私のアセスメントの経験では、研究や開発など専門性の高い職種では人間関係力と組織力を備えた管理者は全体のうち10〜20％ほどでした。これは専門職の人は人間関係力と組織力が低いということではなく、企業がその能力の発揮を期待してこなかったということです。

心の知能指数を高める

「ジョハリの窓」が客観的に自己内省する手法だとすると、ヨガや瞑想の効用を取り入れたマインドフルネスは自分の心の動きを内面から自己認識するワークです。

米国シリコンバレーからブームが起こったマインドフルネスは、瞑想などを通じていまの自分に意識を集中させ、心の安らぎをもたらすことでストレスから解放される取り組みとして実践されるようになりました。それがビジネスのパフォーマンス向上に効果が出てきたとして、社員の能力開発プログラムに活用されてきました。

マインドフルネスのビジネスの効用は、様々な出来事に日々翻弄されることなく、まずはフラットな気持ちで起きている事実を直視し、その事象について短絡的な価値判断をしないことであらゆることに対して客観的な視点から全体像を俯瞰することができるようになることです。

このことが固定観念からの解放をも促し、新たな価値観を導き出すことにもつながります。それが、不可能と思っていたことを可能にするためのきっかけにもなるのです。

物事をフラットに見ることは、多様性の社会ではとても重要なスキルです。特にジョブ型雇用のうえではなおさらです。期待役割に対して成果を上げているかを冷静に見ることができるようになるからです。

以上のように、物事を冷静に客観視できるようになると、「気づく力」が磨かれます。ビジネススキルとして気づく力はあまり語られませんが、仕事ができる人の特性の1つに気づく力が他者よりも強いことがいえると思います。

経営数字の不備を見逃さない、流行の兆しを敏感に掴んでいるなどができている人は気づく力が強い人です。

そして**気づく力が強い人は、森を見て木も見る能力に長けているため、全体観からビジネスの重要ポイントを見出すことが可能になります。**

気づく力は第４章で述べたコミュニケーション力の高さにも関係しているように思われます。

本項のタイトルは「心の知能指数を高める」です。知能指数は英語でＩＱ（Intelligence Quotient：頭の良さの指数）といいますか、それに対してＥＱ（Emotional Quotient：心の良さの指数）という言葉があります。コミュニケーション力はまさにEQです。

第3章でも引用したＥＱは米国の心理学者ダニエル・ゴールマン氏により提唱され、日本では彼の著書の邦題から「心の知能指数」として定着しています。そしてその著書では「他人の気持ちを感じ取る共感能力はＥＱの重要な要素」として定義されています。

皆さんも「心の知能指数」という言葉を意識し、自己を深く内省し、心の声に耳を傾ける習慣を持つことです。このことは人間性を高めるうえでも大変重要です。

2 継続的な学習習慣

●読書の習慣と書く習慣

能力開発にとって最も重要なことは、常に考える習慣を持つことです。私は、考える習慣の拠り所となるのが読書なので、週末は集中して読書時間を確保するようにしています。読書は新しい知識や普通に生活していては経験できない知識を知るための最も手軽な方法です。

日々変化していくビジネス環境のなかで、情報の上書きをどんどん進めなければなりませんが、それにはネット情報でも十分でしょう。ただ、インプットだけならネット情報でも可能ですが、思考を巡らすことや考える素地としての情報を脳内に納めるには読書が最も効果が高いと思います。

読書は知力を高めるうえでとても有益なので、是非にも読書習慣を持つことをおすすめします。

そして、**読書をより身になる行為にするには、読書ノートをつける**ことです。「タイトル」「著者名」「発行元」「読んだ年月日」、そして「気になった箇所の抜き書き」「読後感」などをノート１ページ程度に簡単に記します。「気になった箇所の抜き書き」が面倒なら、キーワードとそのページ番号を記すか、マーカーなどで本に傍線を引く、もしくは気になるページの角を折っておくだけでもいいでしょう。

こうすることで読んだことの記憶の定着や大事な箇所の検索に使えますし、読書ノートなら見返すことで本の内容を記憶から引き出すことができます。

読後に感想や気づきを書き記すことを習慣にしていると記憶の定着のほか、アウトプット力が磨かれていきます。本書を書き進むなかで様々の人物の言葉を引用してきましたが、筆者自身の読書ノートが役に立っています。

昇進などで仕事の負担が大きくなるにつれて、自分の思いを手書きする作業が減っていくのが現代のビジネスパーソンの特徴かもしれません。その反面、ＳＮＳなどで短文を打って情報発信する機会は増えています。ＳＮＳだとその場の思いつきをそのまま流すという行為ですが、本の感想を書くということは思考を伴うことです。自然に考える力を磨くことになります。

文章を手書きすることで思考力の低下を防ぐ目的で日記をつける人もいるほどですから、手書きの習慣はSNS時代のいまだからこそ能力開発にとって重要だといえるのかもしれません。

私の場合、マッキンゼーのコンサルタント時代に上司である大前研一氏から「Publish or Punished（本を書け。さもないと罰せられるぞ）」といわれ続けました。本を書かないコンサルタントは追放されるぞと半分脅されるようなアドバイスのおかげでこうして本を書くことができるようになりました。

ここで皆さんに本を書きなさいというのではありません。ただ、自己成長の証として本を書くことにチャレンジするのもいいかもしれませんというアドバイスです。

●人から学ぶ習慣

本は二次情報ですが、人から直接話を聞く一次情報も多くの学びに繋がります。特にビジネスに関連する情報は有益です。自身の学びにもなりますし、メンバーに共有できる情報であれば、その情報が数倍にも効果を発揮することになります。

人から学ぶには自分から人にアプローチしなければなりません。会合などで出会った人のなかでまた会いたいと思う人にはすぐにメールを出すなどして再会の場を設けます。朝型人間の私の場合、また会いたい人には翌朝早くメールすることを習慣にしています。

人から学ぶうえで注意したいことは、一方的に学びを得ようとする態度です。相手はただ教えたいだけではなく、何らかのメリットも期待しています。教えていただくにあたって、自分でも相手にとって有益な情報をお土産にするような姿勢が望ましいということです。第４章でも述べたように、ギブ&テイクという言葉がありますが、**良好な関係を長続きさせ、相手があなたの魅力を他者に紹介したいと思ってもらうにはギブ&ギブ&ギブくらいの気持ちで接すること**です。

人脈の多い人ほど、面白いネタを打算抜きで提供してくれます。でも、こうした人はそのネットワークから多くの情報を得ているからこそ、他者にも情報提供できるのでしょう。

人から学ぶことを習慣づける前提として、人脈力も磨きましょう。

●学びを実践する習慣

リモートワークの普及以前はセミナーなどへの参加は会場に直接行かなければなりませんでした。それがいまやオンラインセミナーが一般的になり、受講するチャンスが拡大しました。学びの環境として大変便利になりました。

セミナーはいま、ホットなテーマを専門家や研究者から聞けるので、ビジネスにとって大変有効です。ネットで検索すれば、様々なテーマが見つけられます。

大変便利な状況にありますが、これは誰もが同じ条件です。ここで能力開発、自己成長という観点で捉えれば、読書や人的ネットワークからの学びにもいえることですが、**学んだことから実践することができるかどうかがその学びを有用にできるか無用にしてしまうかの分かれ道**です。

「知ることがむずかしいのではない。いかにその知っていることに身を処するかがむずかしいのだ」と述べたのは、中国の前漢時代の歴史家、司馬遷ですが改めて肝に銘ずる必要があります。

3 定期的なフィードバックの習慣

●部下からのフィードバック

フィードバックは、「自分のパフォーマンスを改善するための情報」というのがそもそもの意味です。自分には何ができていて、何が不足しているのかは外部からの目で見ないとわからないことがたくさんあります。

チームを任された役割として、**自分の言動を謙虚に知り、チームのために日々自己改善していくことが自分の成長には大切**です。なかには部下から評価されるなど御免被りたいという人もいるかもしれません。しかし、「はだかの王様」になりたくなければ、周囲の言葉を寛容に受け入れる努力は是非にも必要です。

「フィードバックはあくまで自分を改善するためなのだ」と自覚し、部下に自己開示する姿勢で臨むようにします。ときには、弱みを見せることも必要でしょう。部下に弱みを見せることは、正直な気持ちを隠さずに伝えることになります。

上司が正直な気持ちを語ってくれることで部下は親近感と同時に信頼感を強めることは心理学の本でも紹介されています。つまり**管理職が部下に自己開示することは、人間味を感じてもらうには最も効果的な方法**なのです。

部下からのフィードバックは素直な気持ちで対話するように行うことに努めます。フィードバックだからといって部下が思うことを一方的に受容するのではなく、なぜそう思っているのかを確認することで、部下の本音もわかります。

フィードバックは自己改善と同時に、部下との対話として考えてみてもいいかもしれません。

●上司からのフィードバック

部長など上級職の方からのフィードバックは部下とは違う観点になるので、謙虚に相手の言葉を聴きながら、自分の成長と改善にとって聴きたいことは何かを整理しておくと対話がスムーズに進みます。

このとき、業績や部下育成など課長としてのジョブについて客観的にどう評価しているのかが話の中心になります。フィードバックを受ける場がチームの目標管理についての気づきを得る場にもなるという感じです。

そして、**上司の立場から部下にフィードバックするうえで、どんなことに配慮するかを学習**していきます。自分が上級職になったときに参考にできるからです。

室町時代に生きた能楽者である世阿弥はその著『風姿花伝』で「初心を忘るべからず」と記しています。自分の未熟さに気づき、先輩や師匠、周りの人に意見を聞きながら、自分を磨き続けなければ本当の花にはなれない、という意味です。

4 プロジェクトをつくる習慣

●ジョブは大きく2種類ある

ジョブは大きく2種類に分けられます。1つは毎年継続的に行われるルーティンです。もう1つは新市場・新製品・新事業の開発、組織や人に関する制度や仕組みの業務改革などのプロジェクトです。

ルーティンのジョブは慣れによって能力の成長が停滞する恐れがあるほか、標準化されやすく、機械やコンピュータに代替されていきます。

一方、プロジェクトは人の力でマネジメントするジョブであり、そこに参加する人たちの能力開発と会社の成長をもたらします。

率先してプロジェクトをつくり、それをリードすることは「修羅場体験」にも通じ困難も伴いますが、その経験から学ぶ姿勢を持つことができれば、大きな飛躍につながります。

●アジャイルにプロジェクトをリードする

プロジェクトをリードするうえで参考にしたいのが、コンピュータソフトの分野におけるアジャイル開発です。アジャイルとは、「俊敏な」「すばやい」という意味です。ソフト開発では短いサイクルでプロダクトの検証を行い、不具合があれば、その都度修正して完成を目指します。そのために顧客とエンジニアによる共同チームを組織し、優先度の高い業務プロセスから着手していきます。

これと同様に、プロジェクトを運営するときに準備万端に整ったところでゴーサインを出すのではなく、優先度の高い業務から着手していきます。小さくはじめて徐々に大きくしていくイメージです。

プロジェクトをリードすること、つまり**プロジェクト・マネジメントは組織運営の実務能力を鍛えるには最良といえます。なぜなら、経営という困難なジョブの疑似体験ができるからです。**人員やコストなどのリソースの配分や計画的な業務管理、さらには参加者間のコンフリクト（対立）の調停などが実地で学べ、貴重な体験ができます。

管理者としての能力を鍛えるには、プロジェクト・マネジメントは是非にも経験しておきたいところです。

その際には、次のようなことがポイントになります。

●PDCAでなくDCPA

Plan（計画）↓Do（実行）↓Check（評価）↓Action（改善）のPDCAは継続的に業務を改善していく製造の現場から生まれた考え方ですが、現在では様々な分野で多用されています。

アジャイルにプロジェクトをリードするうえでは、実行の遅延を避けるためにPlanに時間とエネルギーをかけすぎないことです。

そこでDCPA、まずは着手（Do）した結果を評価（Check）して計画（Plan）を立て、改善（Action）していくというアプローチを取ります。このときの要点は次のとおりです。

●プロジェクトに顧客を巻き込む

顧客のビジネス課題を早期に解決するために、プロジェクトに顧客を巻き込み、共に走りながら業務を遂行します。顧客と共に活動することで、意見交換や相互協力がスピーディーに実現できます。まさにこれが顧客起点であり、チームマネジメント力が鍛えられます。

●プロジェクトの期限を短く設定する

プロジェクトは目標が達成されれば、そこでチームは解散します。そして次のプロジェクトを組成します。

これを短期間にいくつか経験するうちに、マネジメントの実力が磨かれていきます。

前述したように、私の仕事の1つが人材アセスメントです。そのなかで、私は多くの経営者候補者のアセスメントにも携わってきました。そして、結果的に高い評価を得る人は、ほぼ例外なくインパクトのあるプロジェクトのリーダーであった経験を有しています。

5 教養を身につける習慣

●読書からビジネス眼力を磨く

私がある米国企業での日本支社長をしていたとき、「クジラ（WHALE）になるな」と米国本社のアメリカ人の上司にいわれたことがあります。WHALEとはWorking Hard And Learning Endedの頭文字から取っています。

「一生懸命働くことで、学習することをやめてはダメだ」という戒めです。「大きなクジラのようにオフィスにいて、場所を専有するような人間になるな」という裏の意味もありました。

クジラにならないためにすぐできる学習法は、繰り返しになりますが、読書です。読書の習慣で教養を身につけ、自分の頭で考える力を鍛えます。

読書の習慣は、ビジネス眼力を鍛えるうえでも有効です。**ビジネス眼力とは、本当に必要な情報を発見し、その本質を探り、その本質の意味合いから自分自身のビジョンをつくり上げる力**のことです。

本から多くの知識を得て、その意味することを自分ごととして咀嚼する読み方を習慣化することでビジネス眼力は研ぎ澄まされていきます。

現場から学ぶということは大切ですが、現場密着となり視野狭窄に陥る誤りは避けなければなりません。

●How toではなく、What to doで考える

ジョブ型の仕事の実践では「いまの仕事をどのように遂行していくか？」というHow toではなく、「企業として何をなすべきか？」「企業は何のために存在するか？」というWhat to doで考えなくてはなりません。ジョブ型の働き方のもとでは、タスク視点ではなく、会社のビジョンの実現のために自分の役割をはっきりと認識しないといけないからです。

その意識を強く持つためには、ＳＤＧｓをはじめとする社会貢献活動に積極的に関与していくことです。そして自分たちの仕事が社会と密接に関わっていることを認識することです。

20世紀後半に欧米を席巻した株主至上主義は、株式に投資できる少数の人々とその余裕のない大多数の人々の間の富の格差を劇的に拡大しました。アメリカではこの30年の間に富と希望を失った一般の人たちがトランプ旋風を煽りました。日本ではアメリカほどの極端な格差は発生していませんが、富の大半は高齢者に偏り、働く人々の多くは思うように貯蓄ができない状況になっています。

富の格差を広げるようなビジネスに手を貸さないためには、自分がやっていることが社会のためにどのように役立つかを考えることです。

大げさに聞こえるかもしれませんが、働く人一人ひとりが日本の課題に対して何ができるか、そしてその人たちを支援する役割の人たちはその実現のためのジョブとは何かを考えることです。

●宗教と哲学を学ぶ

What to doで考えるには、宗教や哲学の歴史を学ぶことが参考になります。戦略や財務の問題ではなく、本質的な企業の存在理由を説明するには、第一線のリーダーたる課長は自分自身の価値観を持たなければなりません。

戦略家として知られ、第2章で紹介したハーバード大学マイケル・ポーター教授は、現在では戦略思考を卒業し、企業の社会的責任（ＣＳＲ／Corporate Social Responsibility）という概念を超えて、共有価値の創造（ＣＳＶ／Creating Shared Value）という考え方を提唱しました。

ＣＳＲは企業は利潤を得るだけではなく、社会の一員としての責任を果たさなければならないという発想です。

一方、ＣＳＶはさらに一歩進んで企業の使命は社会貢献であり、企業活動の利潤は人類社会への貢献の結果として得られる報酬であるという考え方です。

このとき、企業の社会貢献とは何かを考えるうえで、世界の3大宗教（キリスト教、イスラム教、仏教）や西洋哲学、東洋思想、日本の文化や思想などを学習し、これからのビジネスのあり方に対する何かの示唆を得ようとする姿勢が求められます。

アメリカ・コロラド州のロッキー山麓にあるアスペンという町にアスペン研究所という機関があります。ゲーテ生誕２００年にあたる１９４９年、アルベルト・シュヴァイツァー博士（赤道直下のアフリカで黒人医療に尽力）らによって設立され、70年を経た今日でも世界のビジネスパーソンが宗教、哲学、文学、芸術を学ぶための研修に参加しています。日本には富士ゼロックスの社長を務め、経済同友会の会長であった小林陽太郎氏が招致し、１９９８年、日本アスペン研究所が設立されています。21世紀における企業が存在する理由、存在する価値を考えるためには皆さんもビジネスを超え、世界の森羅万象に触れる機会を定期的に持ってほしいと思います。

●デジタルリテラシーを身につける

デジタルリテラシーとは、デジタル技術の価値を理解し、ビジネスにどのように活用すればよいかを考える能力です。リテラシーは「読み書き能力」または「所与の要件から必要なものを選び出して活用する能力」という意味ですので、どの技術にどのように着眼するのか、その判断に役立てることがここでいうデジタルリテラシーの本義です。

インターネット以前の日本でもデジタルリテラシーの成功事例は数多くあります。

それまで警備員による警備保障を１９７１年にオンライン・セキュリティ・システムに全面転換した日本警備保障（現セコム）、１９８０年代のＰＯＳシステムの導入により店舗の無駄な発注を激減させたセブン－イレブンの例はよく知られています。

１９９０年代に経営資源の配分を最適化するソフトウェアＥＲＰ（統合基幹業務システム）を日本企業の先陣を切って導入した小松製作所はデジタル技術の価値をいち早く理解し、世界の社員が共通の言語で業務を語る状況をつくり出したことでグローバル企業としての現在の経営基盤を確立しました。

新たなテクノロジーが顧客にどう貢献できるかを考える

それまでのルールや規範、つまりパラダイムが変われば世界が変わることを説いた、未来学研究者ジョエル・バーカー氏の著書『パラダイムの魔力』（仁平和夫訳、日経ＢＰ社）のなかで過去の偉大な発明家や事業家が新しい技術について語った興味深い逸話が紹介されています。

「蓄音機に、商業的価値はまったくない」トーマス・エジソン、1880年

「空気よりも重いものが空を飛ぶというのは、まったく不可能ではないにしろ、実際には役に立たず、意味がない」サイモン・ニューカム（天文学者）、1902年

「長距離移動の手段として、自動車が鉄道に取って変わるなどと考えるのは、たわいもない夢である」アメリカ道路協議会、1913年

「俳優の声を聞きたいと思う人など、いるわけがない」ハリー・ワーナー（ワーナー・ブラザース社長）、1927年

「世界で、コンピュータの需要は五台くらいだと思う」トーマス・J・ワトソン（IBM会長）、1943年

「個人が家庭にコンピュータを持つ理由など見当たらない」ケン・オルセン（デジタル・イクイップメント社長）、1977年

これらに共通していえることは、技術的な理由で実現が難しいというよりは、「ニーズ

がない」「人々が欲していない」「役に立たない」「意味がない」など、その時点でのパラダイムが新しい技術への希望を封じているということです。ユーザーは望まないという先入観に支配されてしまうということです。

しかし、このネガティブな見方は間もなく覆されることになりました。例えば、１９５７年に創業され、１９８０年代には誰もが知るエクセレントカンパニーに成長したＤＥＣは、個人用コンピュータは広がらないとしたケン・オルセン氏の発言からおよそ20年後、パーソナルコンピュータの新興企業であるコンパック・コンピュータに買収されました。

ここから得られる教訓は、**古い規範に縛られていると、新しいテクノロジーが新たな顧客ニーズの誕生にどのように貢献するかを想像することができなくなる**ということです。

6

キャリアビジョンを考える習慣

自分が幸せな姿とはどんな状態か

働き方改革が進む現在、多様な働き方が登場しています。現在の組織で働けるまで働く、本業のスキルアップのために副業にトライする、成長のために転職する、夢の実現のために起業するなど、いろいろな選択肢が提示されています。

ここで考えるべき軸として、「**自分にとって働くとはどういうことなのか**」「**幸せに生きるにはどんな働き方がよいのか**」といった、**働くことそのものへの思いを考える**ことです。

人生100年時代といわれます。日本人の寿命が年々伸びることはさらなる高齢化社会が進むことでもあります。それは、老後の生活に困窮しないために働く期間が伸びていくことでもあります。

実質的に日本の定年は65歳ですが、それが70歳まで伸びることが現実的になっています。この背景のなかで皆さんはビジネスキャリアを考えなければなりません。

仮に70歳まで働くとして、**働かされるのではなく、自分の意志で働きたいと思えることが幸せな働き方の基本**だと思います。

そうならば、これからのキャリアを考えるにあたって、経済的な問題と同等に自分らしい働き方とは何かの答えを早く見つけることが大事です。

●キャリアビジョンを考える視点

ジョブ型雇用が本格化するに従い、成果と報酬の連動が強まっていきます。これはかつての誤った上意下達のタスク型の成果主義と違い、自主的に提案したジョブの大きさと貢献に対して正当な報酬が付与される、組織と働き手の成長につながる本来的な成果報酬主義です。

そうした時代に変わっていくうえで、**短期的な成果に縛られるのではなく、働くことが自己成長につながり、働き手としての自分の価値が社会貢献につながっている実感が持て**

るようになることが重要です。

そのためのキャリアビジョンには次のような視点がポイントです。

- 顧客や社会にどのような貢献をしたいのか
- そのためにどのようなジョブをしていくのかを3年後、5年後など中期的に考えてみる
- それは現在所属する組織で可能なのか
- 可能でないならばどのような選択肢があるか
- 幸せに働く自分をイメージしたとき、どのような働き方がよいのか
- 理想の働き方を選択する場合、どんなスキルが必要か
- そのスキルはどのように、いつまでに得られればいいのか

このとき重要なことは、営業や開発など現業でのプロフェッショナルの道を進む、もしくは経営層に入るといったことや、ＩＴエンジニア・コンサルタント・弁護士など専門家として独立するということ以前に、まずは自分は何をもってどのような人々の役に立ちたいのかを基軸にするとキャリア選択がはっきりしてきます。

そして仮に現在が30代だとすると70歳まで働くにあたって、40代、50代、60代をどのように描くかが大事です。

働き盛りにあってはなかなか中高年の自分を想像しにくいかもしれませんが、プレイヤーとしていまの仕事を継続していく場合、若い頃と同じパフォーマンスは出しにくくなります。だからこそ、年代を区切ってビジネスキャリアを考えることに大きな意味があるのです。

●スペシャリストであり、ゼネラリスト（T型人間）になる

本章を締めくくるにあたり、昨今、多くの日本企業で話題になる「専門職」という言葉について注意するべきことを述べます。盛田昭夫氏はソニーが創業されて20年目に『学歴無用論』という本を書き、そのなかで専門職をスペシャリストと呼び、その意義を語っています。

「いまや、歴史の流れそのものが、個性尊重、ひとりひとりの能力を伸ばしてゆく

ことこそ第一義であるという考えを常識化し始めている。（中略）上から命じられたことをソツなく勤勉に仕事を流すという、忠実で協調性に富んだ社員は遠からず、求められなくなろうと思う。（中略）スペシャリストは専門知識を持つと同時に全体的な視野を持っていることが本当のスペシャリストの条件である。」

盛田氏はこのように述べ、スペシャリストであり、ゼネラリストであるという人材をソニーは求めていると結んでいます。この本は1966年、いまから50年以上も前に書かれた本ですが、ジョブ型キャリアの真髄を示していると思います。マッキンゼーでは「T型人間」になれという言葉がありました。まずは専門性を深め、縦の長さを伸ばし、そのうえで横にも知見を広げよということでした。そうすることで、縦と横が相乗効果を持って伸張し、大きなTになるといわれました。

専門職は専門のことを知っているだけでは専門職でない、ということです。このことをキャリアビジョンを描くうえで忘れないことが重要です。

真のプロフェッショナルになる

盛田氏はスペシャリストになり、それからゼネラリストになる、という順番を明確にしています。

しかし、多くの日本企業では入社してから10年ほどは様々な部門、部署を数年間おきにローテーションされ、30歳代以降は会社による適性の判断により、営業系、開発系、管理系などのコースが決まってくるという盛田氏の主張とは逆のキャリアパスが運用されてきました。

そのため、スペシャリストとしての道を極める機会が少ないまま、社内人脈と調整力を支えに生きていく社員をつくり出すことになりました。

盛田氏のいうスペシャリストでありゼネラリストである社員、コンサルティング会社マッキンゼーがいうT型社員は、一言でいえば真のプロフェッショナルだということです。本書ではジョブ型雇用における課長の役割、その役割を果たすためのスキルの開発、そのベースになるキャリアビジョンのあり方を述べてきました。

まとめとして、真のプロフェッショナルになるためのステップを記します。

1. 自分の才能を知る

これまでのキャリアを振り返り、自分の個性を生かせる道、楽しかった体験と苦しかった体験、自分の強みと弱みを改めて見つめる。そこから、自分の才能について考えてみる。

2. 専門知識を磨く

これからの働き方がリモートに増えることで、移動や会議の時間を勉強と学習にあてる。副業の機会があれば、その千載一遇のチャンスを生かし、新たに勉強し直す。

3. 専門家になる

1と2により、専門分野では社内研修の講師を務められるレベルの頼られる存在になる。社外での研修講師に招かれればさらに良い。

4. 問題を発見し、自分のジョブに取り込む

専門知識を持つだけでなく、顧客に会い、街を歩き、社会に関わり、専門知識を使って問題や課題を発見する。そしてその解決を自身のジョブに取り込み、会社に提案する。

5．チームを創る

問題解決は1人ではできない。部下、同僚、上司を動かし、チームの力で問題を解決する実績を積み上げる。その際、第3章の「チームの目標管理」、第4章の「チーム運営に必要なスキル」を参考にする。

6．プロジェクトを起動する

リーダーシップを発揮し、チームを代表して経営者にプロジェクトの結成を提案し、目に見える成果を上げる。

7．会社のイノベーションと成長に貢献する

プロジェクトの実践を通して、会社のイノベーションと成長に貢献する。経営の構造改革、リストラ、M&Aに挑む経営者を支援するには何が必要かを考え、実行する。

おわりに

本書の重要なメッセージは、ジョブ型雇用における課長は「中間管理職から中核管理職への変革」がなされなければならず、そのために何を考え、何を実行するかを課長が自分ごととして捉えてほしいということにあります。

そこで本書は啓蒙的な話もありますが、実用書として活用していただくための内容にこだわりました。実用書には再現性のあるメッセージが具体化されていることが必須であり、実行したことが良い結果に結びつくことが重要です。

最初の一歩をゴールに到達する最後の一歩につなげるには、「継続は力なり」を実践していくことです。英語ではContinuity is the father of successといいます。

「三日坊主」ということわざがあります。お坊さんの修行は朝が早く、食事も粗食で規則正しい生活が求められるため、生半可の気持ちでは3日しか続かないということが語源です。継続することは容易ではありません。人は易きに流れる生きものです。それほど興味がないことはもちろん、続けるのに奮起が必要なことに、「歯を食いしばって石にかじりついてでもがんばれ」と激励してもなかなか続けられるものではありません。ただし、「好きこそものの上手なれ」といわれるように、興味があることや、やってみること自体が楽しいことは自然と長続きします。What one likes , one will do well です。紀元前500年頃に活躍した中国の思想家、孔子が弟子との問答をまとめた『論語』に次の一節があります。

これを知る者はこれを好む者に如《し》かず
これを好む者はこれを楽しむ者に如かず
　あることをよく知っていても、そのことを好きな人にはかなわない。
　あることが好きであっても、そのことを楽しめる人にはかなわない。

日本企業が踏襲してきているメンバーシップ型雇用の最大の問題はよほど幸運な人以外は自分の好きな仕事ができないことです。

そしてジョブ型雇用の最大のメリットは個性を生かせる、すなわち、自分が好きな道を選べるということです。

使命感や義務感に基づく行動は長続きしません。ワクワクドキドキするジョブを選択すること、それが仕事を楽しむすべての出発点かもしれません。ジョブ型雇用はジョブの定義にはじまり、ジョブの定義に終わります。ジョブ型雇用での皆さんの幸福は、ジョブの選択にはじまり、ジョブの選択に終わるということです。

私はキャリアの大半をコンサルタントとして過ごしてきました。最初は戦略を策定する仕事が中心でしたが、その後は、企業の思いを実現する組織能力の開発というテーマに軸足を移し、日本の企業、欧米の企業、近年は中国の企業の方々と働いています。そのなかで感じるのは、企業が持つ知識・ノウハウ、変化を察知するセンサーや頭脳、そしてハートはすべて顧客と社会に向き合う第一線、フロントラインにある、ということです。結局、組織能力とは第一線のリーダーであり、マネジャーである皆さんの力量の総和であるということです。

いま、多くの日本企業が社員の個性を生かすことが企業の生命線であることに気づき、人に関する制度やプログラムの改革に取り組んでいます。公募制、コース別人事、副業や兼業の奨励、自由な働き方の応援、など前向きな取り組みが進んでいます。皆さんにはこの時流のフロントランナーとなり、先陣を切ってほしいと思います。皆さんのエネルギーとポテンシャルが解き放たれることを願っています。

本書を著すにあたって、様々な企業で人材・組織開発に関わるジョブを担われている方々に多くの示唆をいただきました。

特に、トヨタ自動車、トヨタファイナンシャルサービス、パナソニック、ソニー、みずほフィナンシャルグループ、りそなホールディングス、旭化成、花王、中外製薬、ロート製薬、参天製薬、テルモ、積水ハウス、日本板硝子、メルカリ、ナガセ、アダストリア、横河電機、マレリの皆様に感謝いたします。

ペンシルベニア大学ウォートンスクールのExecutive Education Boardのメンバーからも海外の人材開発の潮流について興味深い知見を得ることができました。20世紀型の経営者の時代が終わり、草の根のイノベーション、ビジネスを超えた社会課題への取り組みの重要性を改めて認識しました。

コーン・フェリーの東京事務所及び海外事務所の同僚からはたくさんの示唆や助言とアイデアをいただきました。この本では紹介できませんでしたが、企業で働く多くの社員が自らの可能性に気づき、その可能性を実現する道を支援する様々な研究がなされ、最新の手法の開発が進んでいます。

最後に、編集者の根本浩美氏に心からお礼申し上げます。この本は根本さんと私のチームワークの結果です。根本さん、ありがとうございます。

令和3年5月　東京・赤坂において記す

綱島 邦夫

参考文献

『ジョブ型人事制度の教科書』柴田彰／加藤守和著、日本能率協会マネジメントセンター

『個を生かす企業』スマントラ・ゴシャール／クリストファー・A・バーレット著、グロービス経営大学院訳、ダイヤモンド社

『学歴無用論』盛田昭夫著、文藝春秋

『ぼくたちは、銀行を作った。ソニー銀行インサイド・ストーリー』十時裕樹著、集英社

『マネジメント　基本と原則』P・F・ドラッカー著、上田惇生訳、ダイヤモンド社

『人と社会を幸せにする仕事』吉田文紀著、幻冬舎

『[ライフスタイル探検隊]「語り合うマーケティング」が未来を拓く』上野和夫/望月祐佳著、現代書林

『Measure What Matters 伝説のベンチャー投資家がGoogleに教えた成功手法OKR』ジョン・ドーア／ラリー・ペイジ著、土方奈美訳、日本経済新聞出版

『生涯最高の失敗』田中耕一著、朝日新聞社

『沈黙の春』レイチェル・カーソン著、青樹簗一訳、新潮社

『思考の技術　エコロジー的発想のすすめ』立花隆著、日本経済新聞社

「花王の生活者コミュニケーションセンターの活動」鈴木哲、Business Research 2011・5

綱島邦夫（つなしま くにお）
有限会社経営力研究所コンサルタント
コーン・フェリー シニア クライアント パートナー
University of Pennsylvania, Wharton School, Member of Executive Education Board
慶應義塾大学経済学部卒業、米国ペンシルベニア大学ウォートンスクール卒業（MBA）。野村證券で営業部門、企画部門の業務に従事した後、マッキンゼー・アンド・カンパニーNY事務所に入社。国内外の様々な企業の戦略策定にかかわるコンサルティングを行う。マッキンゼー卒業後は、ラッセルレイノルズ、CSC（Computer Science Corporation）インデクス日本支社長を歴任し、コーン・フェリーに参加。ウォートンスクールExecutive Education Boardの理事を務める。『成功の復讐』『社員力革命『エグゼクティブの悪い癖』『役員になる課長の仕事力』『事業を創る人事』『強靭な組織を創る経営』など多数の出版、講演を行う。

ジョブ型と課長の仕事

2021年5月20日　初版第1刷発行

著　者——綱島邦夫　
発行者——張 士洛
発行所——日本能率協会マネジメントセンター
〒103-6009 東京都中央区日本橋2-7-1　東京日本橋タワー
TEL 03(6362)4339(編集)／03(6362)4558(販売)
FAX 03(3272)8128(編集)／03(3272)8127(販売)
http://www.jmam.co.jp/

装　丁———冨澤 崇（EBranch）
本文DTP—株式会社森の印刷屋
編集協力—根本浩美
印刷所———シナノ書籍印刷株式会社
製本所———株式会社三森製本所

ISBN 978-4-8207-2899-3　C2034
落丁・乱丁はおとりかえします。
PRINTED IN JAPAN